一本书讲透类案参考与识别

MINSHANGSHILEIAN
CANKAOYUSHIBIE

民商事类案参考与识别

周吉川/著

中国法制出版社
CHINA LEGAL PUBLISHING HOUSE

前　言

2015年9月最高人民法院发布《关于完善人民法院司法责任制的若干意见》，该意见提出通过类案参考、案例评析等方式统一裁判尺度。2020年7月，最高人民法院印发《关于统一法律适用加强类案检索的指导意见（试行）》（以下简称《类案检索意见》），多地法院相继出台相关规范，加之案例检索平台的发展，如何检索、提供和使用类案成为实务中关注的重要问题。此后，《最高人民法院统一法律适用工作实施办法》于2021年12月1日正式施行，进一步落实类案检索制度。

但是，如何参考类案？如何识别类案？需要法律实务从业者有一定的实务经验的积累。

示例：李某某诉柴某某财产损害赔偿纠纷案，（2012）民申字第1282号[①]

李某某申请再审称：最高人民法院（2010）民申字第572号案件（以下简称"572号案"）与本案案情类似，根据该案中的裁判观点，本案柴某某的超额错误保全行为构成侵权。

最高人民法院认为：关于本案与"572号案"的关系问题。"572号案"虽然与本案皆是因申请财产保全引起的纠纷，但两案有重大差

---

① 载 中华人民共和国最高人民法院公报网，http://gongbao.court.gov.cn/Details/670f766a87166-c4eb2edfc321bf5a7.html?sw=%e6%9d%8e%e6%ad%a3%e8%be%89%e8%af%89%e6%9f%b4%e5%9b%bd%e7%94%9f，访问日期2023年2月9日。

别：一是被保全人是否存在损失。"572号案"中，当事人申请保全的标的物是电子产品等，不宜采取保全措施，本案柴某某申请查封的财产主要是某公司的股票。依现行市场行情，电子产品的价格呈下降趋势；股票价格呈波动趋势，有涨有跌。"572号案"的被保全人确有损失，而本案被保全人并无损失。二是被保全的当事人过错情形不同。"572号案"的保全申请人某电子有限公司和被保全人某电视机厂对被保全财产的损失的产生均有过错，而本案中难以认定柴某某申请保全存在过错。"572号案"驳回双方当事人的再审申请出于平衡双方利益及该案的实际情况考虑，并未确定判断保全错误的标准。实际上，对本案有参考意义的案例是最高人民法院（2011）民申字第271号案，该案明确了对权属有争议的标的物申请保全不构成保全错误的意见。

本案系再审审查案件，最高人民法院于2013年6月作出裁定驳回再审申请。这个案件是较早的，当事人把参考类案单独作为一项的理由，最高人民法院在裁判文书中对应否参考予以充分回应的案例。从本案可以看出，对当事人提供类案仍需要更为清晰的指引；法院在认定两案是否存在"有重大区别"时，标准也需要进一步明确。《最高人民法院统一法律适用工作实施办法》起草过程中，最高人民法院就注意到"实践中，审理过程中公诉机关、当事人及其辩护人、诉讼代理人提交指导性案例或者最高人民法院生效类案裁判支持其主张的案件，法官未采纳当事人、代理人提交的类案观点亦未进行释明的情况广受诟病，需要予以规范"[①]。

目前，相当多法院都出台了类案检索办法，对法官制作类案检索报告提出了规范要求。有的法院还制作了"律师进行类案检索情况登记表"。但都没有完全解决如何识别类案的问题。对于提供的类案，

[①] 《最高人民法院出台文件 进一步规范裁量权行使 促进法律正确统一适用》，微信公众号"最高人民法院"，访问日期2022年7月6日。

如何避免法院以"与本案事实有重大区别"予以否定，还缺乏可实行的一套方法。《最高人民法院统一法律适用工作实施办法》第八条规定，"根据本办法第六条规定应当进行类案检索的案件，合议庭应当将案件统一法律适用标准情况纳入评议内容。审理过程中公诉机关、当事人及其辩护人、诉讼代理人提交指导性案例或者最高人民法院生效类案裁判支持其主张的，合议庭应当将所提交的案例或者生效裁判与待决案件是否属于类案纳入评议内容"。第九条进一步规定，"待决案件在基本案情和法律适用方面与检索到的指导性案例相类似的，合议庭应当参照指导性案例的裁判要点作出裁判"。对于如何判断是否为类案，仍是原则性规定。

  本书要初步探讨的就是，在民商事诉讼实务中，律师（包括当事人）如何参考类案，尤其是怎么识别类案。

周吉川
2023 年 2 月

目　录

第一部分　类案的参考

第一章　什么是类案／3

　　第一节　类案的概念／3

　　第二节　类案的相似性／4

第二章　类案的参考方面／13

　　第一节　裁判要点的类型／13

　　第二节　裁判理由和处理结果／26

　　第三节　其他类型的案例／43

第三章　类案的参考价值顺序／49

　　第一节　类案的参考价值分类／49

　　第二节　一般参考顺序／59

　　第三节　酌定参考因素／61

第四章　如何查询类案／70

　　第一节　基本方法／70

　　第二节　查询途径／74

第二部分　类案的识别

第五章　法律适用方面的差异性 / 83

　　第一节　争议焦点的分析 / 83

　　第二节　裁判理由的分析 / 98

　　第三节　规则变化情况 / 115

第六章　案件事实方面的差异 / 128

　　第一节　案件事实的类型特征 / 129

　　第二节　当事人的差异 / 134

　　第三节　主观状态的不同 / 142

　　第四节　标的物状况 / 152

　　第五节　履行情况 / 161

　　第六节　案外因素 / 167

第七章　案件处理的总体情况 / 175

　　第一节　是否影响当事人权利救济 / 175

　　第二节　民法典原则的适用情况 / 180

　　第三节　是否解决各方争议 / 182

第八章　提供类案的基本方法 / 191

　　第一节　形成独立的诉讼理由 / 191

　　第二节　类案表制作的基本方法 / 196

　　第三节　考虑是否提供不利类案 / 203

第一部分　类案的参考

本部分主要围绕相似性探讨类案的概念。对于究竟参考类案哪些方面的问题，本部分对裁判要点进行了实务角度的分类，对裁判理由进行了概括分析。对于如何判断类案的参考价值大小，本部分讨论了一般的衡量标准，着重讨论了其他酌定因素。

本部分的内容将为类案的查询、识别奠定基础。

第一章　什么是类案

类案的关键在于相似性的判断。针对事实方面的相似性，结合实践中有效识别，可以把相似性分成前提性相似和参照性相似。

本章主要内容是围绕相似性探讨类案的概念。

第一节　类案的概念

对于什么是类案，实践中争议较大。《类案检索意见》第一条规定，"本意见所称类案，是指与待决案件在基本事实、争议焦点、法律适用问题等方面具有相似性，且已经人民法院裁判生效的案件。"这个定义是将"案件在基本事实、争议焦点、法律适用问题等方面具有实质相似性"作为实质标准，另外强调应属生效案件，即限制其范围。从这个定义看，相似性是关键。

对于实务而言，检索相关案例，能在以下方面起到作用的，即作为类案：（1）支持或驳斥诉讼请求；（2）帮助分析争议焦点；（3）驳斥对方主要观点或支持己方主要观点；（4）回应法庭关注问题。支持或驳斥诉讼请求是根本需要，有的案件里面，并没有总结焦点，或对方并未发表观点，或者法庭只是对事实简单询问。从这个角度看，有用性是目的。

一般情况下，只有具备相似性才能发挥作用。也有被用于参考的案例，实际上并不具备相似性。对于相似性的判断，是类案的核心。

这里的类案是指民商事案件，主要是一般的民事案件、商事案件和执行类案件，不包括刑事、行政、国家赔偿类等其他案件。其他类型的案件，比如刑事案件，在归责原则、证据规则等多方面与民商事案件不同，其对事实的认定、规则的认识存在差异性。实践中有提供刑事案例作为参考的情况。如在"江苏某科技股份有限公司与刘某某民间借贷纠纷案"（［2018］最高法民终523号）①，当事人提出"最高人民法院的相关指导案例（最高人民法院公布的刑事指导案例第487号，参见《刑事审判参考》2008年第3辑）明确认为，出具银行承兑汇票属于套取银行信贷资金。因此，本案中套取银行承兑汇票然后作为借款标的出借给他人的行为，实质上属于套取银行信贷资金的性质"。对此，最高人民法院认为，"当事人使用银行承兑汇票这种特殊的票据作为款项支付的形式，现行法律是允许的"。

第二节　类案的相似性

《类案检索意见》对于类案的定义，关键在于"相似性"。只有在基本事实、争议焦点、法律适用问题等方面具有相似性，才能作为参考。

相似性具有以下特点：

其一，相似性是指基本事实、争议焦点、法律适用问题等方面均具有相似性。实践中作为类案参考，一般是针对法律适用方面，但是，事实方面的相似性往往成为其基础。焦点方面的相似性也会影响类案在法律适用问题上的准确性和普适性。焦点的相似性是要搞清楚裁判理由是要解决什么问题，基本事实方面的相似性则是解决该裁判理由是在什么样的情境下作出的。

其二，相似性的判断具有主观成分，其受裁判者主观认识影响较大。但是，通过适当的分析论证可以对其引导、影响。

其三，相似性的判断，主要还是依据对法律的正确理解，以及对具体案件的适当处理为导向，有一定的方法，并非毫无遵循。

---

① 本书援引案例，除非特别注明，均来源自中国裁判文书网。

一、前提性相似与参照性相似

前提性相似，解决的是能否参照的问题，除了包括其要点或裁判理由是否需要以某一法律事实成立为前提，也包括是否为同一部门法，有时是否为同一类纠纷也需要注意。参照性相似，解决的是如何参照的问题。主要是对影响具体案件处理结果的各因素的比对。相似性首先是要具备基本的前提性案件事实，然后才是分析细节性的案件事实。本书对相似性的分析，主要针对细节性的案件事实。

案例1 四川省某医药有限公司与重庆某集团公司等案外人执行异议之诉案，（2020）最高法民申2200号

某医药公司申请再审称，"原审判决认为某医药公司主张错误划转的案涉100万元款项仅能依据不当得利之规定要求甲公司返还，而不当得利返还请求权作为一般债权不能排除强制执行，适用法律错误，与最高人民法院公报案例相悖"。

最高人民法院认为，"某医药公司于2018年10月18日向甲公司因另案被一审法院于2017年2月3日裁定冻结的重庆某支行02×××98账户转款100万元后，主张该转款系某医药公司财务人员武某向该公司另一在中国某银行股份有限公司德阳分行的58×××58账户转账时操作失误所致，请求确认该100万元归某医药公司所有并不予执行甲公司账户内的该100万元。但是，某医药公司主张的收款账户与误划账户在收款方名称、开户银行、账号方面均不一致，账户之间并不易发生混淆。且武某自述一直在某医药公司从事财务工作，2013年退休后被返聘，其作为多年从事财务工作的财务人员同时输错前述信息并确认转账的可能性较低，某医药公司的解释不能令人信服。而某医药公司与甲公司均为医药公司，某医药公司认可两公司之间曾有业务往来的事实。重庆市某人民法院就某医药公司诉甲公司及第三人重庆某工业设备安装有限公司不当得利纠纷一案作出（2018）渝0101民初15018号民事判决的时间晚于案涉账户被冻结时间，依据《最高

人民法院关于人民法院办理执行异议和复议案件若干问题的规定》（以下简称《执行异议和复议规定》）第二十六条第二款关于'金钱债权执行中，案外人依据执行标的被查封、扣押、冻结后作出的另案生效法律文书提出排除执行异议的，人民法院不予支持'的规定，不能作为排除强制执行的依据。故此，某医药公司提交的证据不能证明其所主张的误划款项事实具有高度可能性，依据《最高人民法院关于适用〈中华人民共和国民事诉讼法〉的解释》第一百零八条规定，原审法院对误划事实未予认定，对某医药公司排除案涉100万元款项强制执行的诉讼请求不予支持，具有事实和法律依据。本案与（2017）最高法民申322号公报案例在案件事实和证据方面并不相同，原审法院关于案外人就误划款项是否享有足以排除强制执行的民事权益的认定虽有瑕疵，但裁判结果并无不当，本院依法予以维持"。

这个案件中，当事人援引了公报案例（2017）最高法民申322号裁定。该公报案例裁判要点为："1.案外人误划款项至被执行人账户的，因该行为缺少转移款项所有权的真实意思表示，不能产生转移款项实体权益的法律效果，案外人实体权益足以排除强制执行。2.误划款项转入被执行人账户，即被法院冻结并划扣的，则可以认定被执行人未实际占有该款项，转账款项并非"特殊种类物"的相应货币，亦不适用"货币占有即所有"原则。3.案外人执行异议之诉中，查明涉案款项实体权益属案外人的，应直接判决停止对涉案款项的执行，无须以不当得利另诉。"[①]

据此，当事人认为"原审判决认为某医药公司主张错误划转的案涉100万元款项仅能依据不当得利之规定要求甲公司返还，而不当得利返还请求权作为一般债权不能排除强制执行，适用法律错误，与最高人民法院公报案例相悖"。

[①] 值得注意的是，就相关法律适用问题，最高人民法院尚有不同意见。见微信公众号"最高人民法院民一庭"，2022年1月24日发表的《最高法院民一庭：案外人不能以被执行人账户中的资金系其误汇为由排除强制执行》，访问日期2022年3月7日。

最高人民法院认为，原审法院关于案外人就误划款项是否享有足以排除强制执行的民事权益的认定有瑕疵。但是，最高人民法院同时认为，"某医药公司提交的证据不能证明其所主张的误划款项事实具有高度可能性"。也就是说，最高人民法院认为原审观点是错误的，不符合公报案例的裁判要点，但是，当事人的诉求也不能支持，因为该公报案例与本案的"案件事实和证据方面并不相同"，当事人不具备"误划"这个事实前提。

这个案例很好地说明了在判断相似性问题上，需要首先考察是否具备前提性的案件事实。这需要结合援引案例的裁判要点或裁判理由，分析其主要解决的问题、主要具备的事实前提。然后在此基础上进一步分析其他细节性案件事实对类案参照适用的影响。比如前述案例，如具备误转的事实，还需要看误转时债务人账户是否被冻结等案情。

二、焦点的相似性

争议焦点的相似性比较容易判断，但争议焦点是否具有相似性，对于援引案例的裁判理由是否适当、能否参考，也会产生影响。在参考类案时，一般是援引其裁判理由，但是，如脱离该案件的争议焦点，不先搞清楚该裁判理由要解决什么问题，往往就难以对裁判理由作出准确的判断。

实践中，裁判文书在"本院认为"部分总结的焦点，一般有以下几种类型：

第一种是法律适用。如"某公司与刘某借款合同纠纷案"（［2020］最高法民终340号），最高人民法院认为，"本案的争议焦点是：（一）一审法院未重新指定举证期限是否严重违反法定程序；（二）甲公司、乙公司与刘某是否存在债权转让关系以及该转让行为是否对西藏某公司发生效力"。其第一项焦点就是典型的法律适用类型。

法律适用类型的焦点通常和案件具体案情结合，如前述案例的第二项焦点。这种情况下，裁判理由对焦点的评述，对于案情的依赖性较大。

第二种是事实认定。如"陈某与叶某、山西某公司民间借贷纠纷案"

（［2020］最高法民再182号），最高人民法院再审认为，"本案再审争议焦点为，1. 涉案借款的具体金额应如何认定；2. 二审判决认定陈某系借款人，并判令其承担直接还款责任是否妥当，陈某应否承担担保责任"。其第一项焦点，就是典型的事实认定。事实方面的认定往往和法律适用关联，如该案例的第二项焦点。

第三种是案件处理。如"庄某与广州某银行等金融借款合同纠纷案"（［2019］最高法民终324号），最高人民法院二审认为，"本案的争议焦点为：一审判决确定富某公司欠付的贷款本息是否需扣减108060000元保证金产生的孳息3749107.56元"。这种类型的焦点，实践中比较常见的表达方式还包括诸如当事人诉讼请求能否得到支持、一审裁定是否符合法律规定等。

法律适用类型的焦点，往往和事实结合；某项事实成为焦点，通常也和法律适用，尤其是证据规则关联；案件处理类型的焦点往往包括了法律和事实两方面的争议。另外，援引案例有时候还同时存在几种类型的焦点。总体而言，法律适用类型的焦点更容易参考。

三、相似性的初步判断

相似性的判断可以分为两个阶段：第一个阶段，在查询、提供类案时，应当对相似性进行初步的、自我审查式的判断；第二个阶段，就类案是否具有参考价值形成争议或需要进一步阐释的时候，通过多个角度对类案进行识别，这是本书第二部分的主要内容。

对于第一阶段而言，有两个简便的方法：其一，主要从援引案例的"本院认为"部分的裁判理由中，找出其依赖的基本案情，然后与待决案件进行比对。援引案例裁判理由论述所结合的案件事实，一般就是该案的基本案情。其二，尤其对于具有"裁判要点"的类案，要注意要点本身包含的事实前提。

案例 2　贵阳某房地产开发有限公司、李某与朱某民间借贷纠纷案，（2018）最高法民申 4659 号

贵阳某公司、李某申请再审称：（一）二审判决认定的案涉《协议书》性质错误且对《协议书》"未生效"的认定与最高人民法院发布的第 72 号指导案例宗旨相悖。第 72 号指导案例认为："借款合同双方当事人经协商一致，终止借款合同关系，建立商品房买卖合同关系，将借款本金及利息转化为已付购房款并经对账清算的，该商品房买卖合同具有法律效力。"鉴于本案案情与"指导案例"案情完全相同，均由借贷合同关系转为购房合同关系，所欠款项经结算后转为购房预付款，同属期房性质，故案涉《协议书》有效，具有法律约束力。

最高人民法院认为：本案再审审查的焦点问题为《协议书》及《承诺书》的效力问题，案涉借款本息应如何认定以及贵阳某公司、李某再审提交的打款凭证的证明力问题。

关于《协议书》及《承诺书》的效力问题。从《协议书》及《承诺书》的主要内容看，该协议属于以物抵债协议，贵阳某公司以其期房不低于 1500 平方米冲抵对朱某所负的 1600 万元债务。本案与最高人民法院发布的第 72 号指导案例基本事实不同，本案当事人并未签订正式的《商品房买卖合同》，也未办理预告登记，当事人之间并未建立商品房买卖合同关系。并且本案《协议书》及《承诺书》签订时所约定用于抵债的房屋尚未建成，未实际交付债权人朱某。因以物抵债协议是实践性合同，以受领人现实地受领给付作为生效条件，故《协议书》及《承诺书》并未生效，当事人之间属于民间借贷法律关系。在民间借贷法律关系中，借款人为贵阳某公司及李某，李某是本案适格被告。

在这个案件中，当事人援引第 72 号指导案例，认为本案案情与指导案例"案情完全相同"。但是，最高人民法院认为"基本事实不同"，特别是"本案当事人并未签订正式的《商品房买卖合同》，也未办理预告登记"。

第 72 号指导案例的裁判理由为，"本案争议的商品房买卖合同签订前，

彦某公司与汤某等四人之间确实存在借款合同关系,且为履行借款合同,双方签订了相应的商品房预售合同,并办理了预购商品房预告登记。但双方系争商品房买卖合同是在彦某公司未偿还借款本息的情况下,经重新协商并对账,将借款合同关系转变为商品房买卖合同关系,将借款本息转为已付购房款,并对房屋交付、尾款支付、违约责任等权利义务作出了约定……"

在该指导案例的裁判理由中提及"双方签订了相应的商品房预售合同,并办理了预购商品房预告登记"。最高人民法院认为两案基本事实不同,显然是注意到了该裁判理由提及的事实。在本案中,法院主要从指导案例的裁判理由部分,直接找出不同的基本事实。

这种方法在其他案件中也是常见的。如"河北省甲公司与河北乙公司、肖某保证合同纠纷案"([2020]最高法民申944号)中,最高人民法院指出,"本案与第57号指导案例所依据的基本事实存在不同:指导案例所依据的事实是案涉决算期内的贷款数额没有超出最高额担保的范围,本案所涉决算期内的贷款数额超过最高额担保的数额;指导案例中存在保证人还息的情形,本案则不存在保证人还息的情况;指导案例中有债权人在保证期间主张权利的情形,而本案中没有债权人在保证期间主张权利的情况"。第57号指导案例的裁判理由主要是,"第二,……某银行向某电子公司主张权利并未超过合同约定的保证期间,故某电子公司应依约在其承诺的最高债权限额内为某电器公司对某银行的欠债承担连带保证责任"。"第四,某电子公司曾于2012年6月、10月、11月三次归还过本案借款利息,上述行为也是某电子公司对本案借款履行保证责任的行为表征。"可见,法院也主要从指导案例的裁判理由中确定基本案情。

此外,对于已经提炼出裁判要点的援引案例,要注意要点本身包含的事实前提。下面再以第72号指导案例的运用举一例。

案例3 荣某公司与林某英等合同纠纷案,(2020)最高法民终550号

一审法院认为:荣某公司对双方构成以物抵债合同关系没有异议,也

对该合同的效力没有异议，但认为根据其提交的第72号指导案例确立的裁判规则，本案以物抵债合同含有非法高息，应由林某英、林某森予以返还。上述指导案例旨在明确借款合同双方当事人经协商一致，终止借款合同关系，建立商品房买卖合同关系，将借款本金及利息转化为已付购房款并经对账清算的，若无相关法律禁止情形，该商品房买卖合同具有法律效力，但对转化为已付购房款的借款本金及利息数额，人民法院应当依法进行审查，以防止违法高息合法化。参照上述指导案例对合同效力认定所遵循的原则，结合本案《补充协议书》的签订和履行情况，可以认定本案《补充协议书》并非为双方之间的借款合同履行提供担保，而是在借款合同到期荣某公司难以清偿债务时，双方协商通过将荣某公司所有的商品房抵偿给林某英、林某森的方式，实现双方权利义务平衡的一种交易安排。当事人的上述交易安排，并未违反法律、行政法规的强制性规定，亦不属于《中华人民共和国物权法》[①] 第一百八十六条规定禁止的情形，应认定为有效。但本案与上述指导案例存在以下不同之处：首先，荣某公司并未充分举证证明案涉商铺和房屋在签订补充协议时的价值，无法证实欠款与房屋价值的对应关系；其次，虽然双方在借款合同中约定的利息高于民间借贷的法定利息，但双方在《补充协议书》中并未对荣某公司的欠款作出结算，仅约定将欠款与相关商铺和房屋互相抵销。因此，虽然荣某公司提交的第72号指导案例对本案以房抵债的合同效力认定有参考作用，但其实体处理方式不适用于本案。对荣某公司认为本案以物抵债合同存在非法高息的主张不予采信。

最高人民法院认为：将第72号指导案例的基本案情与本案事实进行比较。第72号指导案例中双方当事人在终止借款合同关系并建立商品房买卖合同关系时，对到期债务数额和房产的价值进行了对账清算，明确了被抵债务数额与抵债房产价值之间的对应关系。而本案中，双方当事人在进行以房抵债时未明确抵债房产的价值，亦未对荣某公司的欠款作出明确结算，

---

① 本法已失效，下文中不再标注。

仅约定履行双方就案涉房产签订的《商品房买卖合同》以此清偿荣某公司欠林某英、林某森的全部债务，根本无法判断所抵欠款与房产价值之间的对应关系，以及二者之间是否存在差价、存在多少差价等事实。第72号指导案例关于"防止违法高息合法化"的指导意见，确属实践中应予注意的问题，但该意见不能成为荣某公司所称其无需就房产价值举证的理由；又因该指导案例与本案在基本事实方面不具有相似性，除"以房抵债合同效力的认定问题"外，无法在本案审理中予以参照。

在这个案件中，当事人在一二审均援引第72号指导案例。前面已经提及，该第72号指导案例的裁判要点有"将借款本金及利息转化为已付购房款并经对账清算"的内容。这就明确了适用的类似的基本事实。

本案一审法院认为，"但双方在《补充协议书》中并未对荣某公司的欠款作出结算"，因此其实体处理方式不适用于本案。最高人民法院认为，"而本案中，双方当事人在进行以房抵债时未明确抵债房产的价值，亦未对荣某公司的欠款作出明确结算"，因此其无法在本案审理中予以参照。两审法院都提及，本案没有对欠款作出明确结算，故与该指导案例的基本事实不同。

第二章　类案的参考方面

对于民商事类案如何参考这个问题，本章主要是讨论参考的内容。对于类案，主要是参考其中的裁判要点，裁判理由，具体问题的处理结论也有参考价值。

裁判要点型类案，是指最高人民法院的指导案例，也包括公报案例、各高级人民法院公布的参阅或参考案例。这些案例的共同特点是，在其作为典型案例公布时，法院会提炼出要点。从实务角度，本章将裁判要点分为操作型要点、思路型要点和原则型要点三类。本章还探讨关于裁判理由的特征。这些内容都会给讨论类案的识别进一步奠定基础。

第一节　裁判要点的类型

《〈最高人民法院关于案例指导工作的规定〉实施细则》（以下简称《案例指导实施细则》）第九条规定："各级人民法院正在审理的案件，在基本案情和法律适用方面，与最高人民法院发布的指导性案例相类似的，应当参照相关指导性案例的裁判要点作出裁判。"指导性案例公布时附有裁判要点。

此外，最高人民法院公报案例也会附裁判摘要。各地高级人民法院的参考性案例也会有摘要或要点。如上海市高级人民法院公布的参考性案例，体例格式参照指导性案例，附有裁判要点。北京市高级人民法院在"北京法院审判信息网"公布参阅性案例，附有参阅要点。

裁判要点或者摘要，相当部分规则性较强，在具备相应条件情形下，经过比对参照，就可以得出明确的结论。但是，也有相当多的裁判要点基本上属于现有法律规则的重述，此外，有的裁判要点仅是一种倡导性的、方法论层面的指引。对于有裁判要点的案例，先对其要点有大致的分类认识，有助于参考运用。

本节把裁判要点分成操作型要点、思路型要点和原则型要点进行讨论。

一、操作型要点

这类裁判要点规则性较强，具有明确的指示性、便于操作，对于个案特殊事实依赖性弱。这类要点多是关于程序类问题。

比如第 148 号指导案例"高某诉三亚某酒店、海南某房产公司等第三人撤销之诉案"，其裁判要点为，"公司股东对公司法人与他人之间的民事诉讼生效裁判不具有直接的利益关系，不符合民事诉讼法第五十六条规定的第三人条件，其以股东身份提起第三人撤销之诉的，人民法院不予受理"。

该案要点明确股东不能以股东身份提起第三人撤销之诉，这在类似案件中适用起来争议较小。当然，如果在回购交易安排中，股东同时具备债权人身份的，能否提起第三人撤销之诉，可能还需要结合案情分析。

案例 4　谢某峰、张某宇、党某因与陆某剑、某房产公司、某置业公司及原审第三人吴某东第三人撤销之诉纠纷案，（2021）桂 06 民终 441 号

2016 年 9 月 1 日，一审法院作出（2016）桂 0602 民初 979 号《民事调解书》。陆某剑提供的《国家企业信用信息公示系统》显示，2018 年 6 月 11 日股权变更前，张某宇为负责人变更（法定代表人、负责人、首席代表、合伙事务执行人等变更）、党某和张某宇为高级管理人员备案（董事、监事、经理等）、谢某峰的股权为 42.5%、万某公司的股权为 53.33%。

谢某峰、张某宇、党某向一审法院起诉请求撤销（2016）桂 0602 民初 979 号民事调解书。一审法院认定谢某峰、张某宇、党某知晓某房产公司向陆某剑支付款项的事实，谢某峰、张某宇、党某即使享有诉权，其向一

审法院提起第三人撤销之诉的诉讼时效已过,一审法院驳回其诉讼请求。谢某峰、张某宇、党某提起上诉。

被上诉人陆某剑辩称,"三、2021 年 2 月 19 日最高人民法院发布指导案例 148 号,裁判要点指出'公司股东对公司法人与他人之间的民事诉讼生效判决不具有直接的利益关系,不符合民事诉讼法第五十六条规定的第三人条件,其以股东身份提起第三人撤销之诉的,人民法院不予受理'。上诉人作为某房产公司的股东,不是签订《土地股权转让协议书》的当事人,与《土地股权转让协议书》及民事调解书没有法律上的利害关系,其提起第三人撤销之诉主体不适格。四、谢某峰作为某房产公司的控股股东、大股东,张某宇作为公司法定代表人、党某作为公司高管,应当知晓《土地股权转让协议书》及民事调解书。上诉人于 2020 年 9 月 14 日向一审法院提起第三人撤销之诉,已经超过《中华人民共和国民事诉讼法》第五十六条规定的六个月的起诉期限。因此,一审认定事实清楚,适用法律正确,请求二审法院驳回上诉,维持原判"。

二审法院认为,"首先,关于程序问题。经查,谢某峰、张某宇、党某在涉案《土地股权转让协议书》签订时分别为某房产公司的股东、法定代表人以及高级管理人员,其与某房产公司的利益具有一致性,某房产公司在履行涉案《土地股权转让协议书》时已经代表了谢某峰等人的意见,故谢某峰等人不能作为第三人请求参加诉讼且无权对涉案民事调解书提起第三人撤销之诉。同时,如前所述,张某宇在涉案《土地股权转让协议书》签字,谢某峰作为拥有某房产公司股权 42.5% 的股东,党某作为高级管理人员,应当知晓某房产公司等一切关系到公司利益的重大决策,对于某房产公司与陆某剑等人签订《土地股权转让协议书》时应当知晓,其上诉认为一审判决认定谢某峰、党某应当知晓上述事项没有事实根据的理由不能成立,本院不予支持。故一审判决认定其已经超过法律规定的第三人提起撤销之诉规定的六个月期间正确,本院予以维持"。

在这个案件中,一审认定第三人撤销之诉已过法定的六个月期间,上诉后，对方当事人援引 2021 年 2 月 19 日新颁布的第 148 号指导案例。二审法院 2021 年 5 月 29 日作出的二审判决，参考了指导案例的裁判要点维持了一审结论。

二、思路型要点

这类案例也比较多见。对于某一问题，裁判要点提出了裁判思路，通常是指出要从哪些方面予以考虑，但能否得出具体的结论还需要依赖于具体的个案事实。思路型要点与法条相近似。分析援引案例是否具有相似性，主要是针对这类案件。实践中，往往各方都援引该类案作为依据，但是得出的结论不同。

比如第 15 号指导案例"徐某集团工程机械股份有限公司诉成都川某工贸有限责任公司等买卖合同纠纷案"。其裁判要点为，"1. 关联公司的人员、业务、财务等方面交叉或混同，导致各自财产无法区分，丧失独立人格的，构成人格混同。2. 关联公司人格混同，严重损害债权人利益的，关联公司相互之间对外部债务承担连带责任"。

这个案例属于典型的裁判思路型要点。"关联公司的人员、业务、财务等方面交叉或混同，导致各自财产无法区分，丧失独立人格的，构成人格混同"，与一般的法条无异。这类案件中，需要什么证据、达到什么样的程度才构成混同等，往往成为争议焦点。前述要点对此问题仅提供了思路。具体要涉及的证据情况、证明标准的把握等，还需要结合具体案件。

案例 5 江某房地产公司、江某投资公司、江某置业公司与实某集团建设工程有限公司建设工程施工合同纠纷案，（2018）最高法民终 1251 号

江某房地产公司、江某投资公司、江某置业公司提出上诉，称三公司不存在人格混同，一审判决认定有误。主要理由是：1. 三公司法定代表人相同不能证明人格混同。2. 江某置业公司的控股股东为北京宝某公司，并非王某林或其家族，江某置业公司也不是江某投资公司的子公司，其与江某房地产公司之间更无任何关系。江某投资公司虽为江某房地产公司的控

股股东，但双方均系独立的法人主体，对外均独立承担民事责任。3. 三公司的住所地也明显不是同一地方，江某房地产公司的业务主要在 A 项目上，而江某置业公司的业务主要在 B 项目上，一审判决简单地以一篇报道就认为两公司业务混同明显与事实不符。4. 江某房地产公司与江某置业公司财务独立。

实某集团答辩称，三公司存在法定代表人相同，股东、高管人员混同，住所地、经营业务混同，财产混同，在本案中构成关联公司人格混同，江某房地产公司利用关联公司转移已获利益，根据《中华人民共和国公司法》第二十条第三款及最高人民法院的相关指导案例，江某投资公司与江某置业公司应对江某房地产公司的债务承担连带清偿责任。

最高人民法院认为：关于三公司是否存在人格混同，江某投资公司、江某置业公司应否就江某房地产公司欠付实某集团的工程款本金及利息承担连带清偿责任的问题。首先，根据一审已查明的事实，在案涉工程施工期间，江某房地产公司、江某置业公司均为江某投资公司的控股子公司，三公司的法定代表人同为王某林，三公司的股份由王某林及其家庭成员分别持有，实际上为王某林及其家庭控股，三公司办公住所基本一致，可以认定三公司在人员组成方面有混同。而三公司认为江某置业公司的控股股东为北京宝某公司，但该股东发生变化的事实不能否定案涉工程施工期间江某置业公司创始股东为王某林及其家庭成员的事实，故三公司的该上诉理由不能成立。其次，江某房地产公司、江某置业公司的经营范围均为房地产开发、销售、物业管理，可以看出两家公司的实际经营业务内容一致。江某新城项目系江某置业公司开发的房地产项目，但江某新城项目的相关广告推介上载明的开发商是江某房地产公司，江某房地产公司还以开发商的名义出席了江某新城涉及的城中村改造项目相关活动，可以认定两家公司在业务方面存在混同。而三公司在事后否定自己通过大众媒体对外宣传的公司经营的重大事实来抗辩三公司之间不存在业务混同，该理由难以成立。最后，江某房地产公司曾直接用江某置业公司开发的江某新城项目中的商品房向实某集团抵偿工程款，并以自己的名义直接出具了江某新城项目购房款的收款收据，且该抵偿已经实现。显然江某房地产公司与江某置业公司在财产方面也存在一些混同。综合以上事实，虽然三公司均具有独立法人地位，但不能否定三公司在人员、业务、财产等方面存在一些混同的事实。一审法院参照《中华人民共和国公司法》第二十条第三款，判决江某投资公司、江某置业公司对江某房地产公司欠付实某集团的工程款本金及利息承担连带清偿责任，有利于实某集团的正当权益得到有效保护，适用法律并无不当。

在这个案件中，各方都援引指导案例为依据。对于法人人格混同的判断标准基本一致的。差异在于有关事实、证据是否构成这样的标准。

三、原则型要点

这类案例比较少见，其要点体现出一种司法倾向或态度，甚至可以概括出某项原则，但不具有清晰的可操作性。这类案例有时候被用来回应社会热点，表达司法态度。这种情形下，其类案的参考价值就受到限制。

案例6 西某公司与某公司等借款合同纠纷案，（2019）最高法民申6905号

本案中，西某公司申请再审称，"1. 原判决认定李某锋与袁某翔不存在恶意串通损害西某公司利益的基本事实缺乏证据证明，认定事实的主要证据是伪造的，属于《中华人民共和国民事诉讼法》第二百条第一项、第二项、第三项规定的再审情形"。"原审法院未予准许西某公司调取证据及鉴定的申请，属于《中华人民共和国民事诉讼法》第二百条第五项规定的再审情形。""3. 最高人民法院第68号指导案例与本案有类似之处，原审法院不参照指导性案例裁判要点，未根据《中华人民共和国民事诉讼法》第一百一十二条作出裁判适用法律错误，属于《中华人民共和国民事诉讼法》第二百条第六项规定的再审情形。"

最高人民法院认为,"本案一、二审判决均驳回了李某锋主张西某公司承担还款担保责任的诉讼请求,西某公司对该项判决结果并无异议,只是认为李某锋与袁某翔之间并无真实的民间借贷关系。因原审判决袁某翔偿还李某锋借款并不会损害西某公司的利益,西某公司对原审判决提出再审申请,没有诉的利益。而西某公司主张其因参与本案诉讼、被查封财产而遭受损失,则属于另一法律关系,与原审判决结果没有直接关联,可另案解决"。

同时,最高人民法院认为,"本案尚无证据证明李某锋与袁某翔构成恶意串通、虚假诉讼"。"西某公司认为李某锋没有资金出借能力,涉案借款有1253.6万元系美某公司的资金,而美某公司作为被执行人尚欠银行贷款1961万元至今未能归还,因而怀疑李某锋、袁某翔通过美某公司骗取银行信贷资金高利转贷他人,并以其交易往来的资金虚构本案借款担保关系。故申请调取美某公司、万某公司与袁某翔之间多个银行账户往来凭证及公司会计账簿,并对相关借款及担保协议、收条等书证的形成时间均申请进行鉴定。但西某公司申请如此宽泛的证据调查收集,目的在于从中发现线索,对于调查收集上述证据的必要性缺乏有力的基础事实依据;且西某公司并未因李某锋向袁某翔主张还款而受到损失,故原审法院不予准许其调查证据及鉴定申请并无不当。"

在这个案件中,一、二审判决均驳回了李某锋主张西某公司承担还款担保责任的诉讼请求。但西某公司认为该案借款关系虚假,因而申请再审。其"怀疑李某锋、袁某翔通过美某公司骗取银行信贷资金高利转贷他人,并以其交易往来的资金虚构本案借款担保关系",故在原审中提出了宽泛的调查取证申请,以期从中发现线索。原审法院未予准许。

西某公司援引了第68号指导案例,认为其与本案有类似之处,原审法院不参照指导性案例裁判要点不当。其实质是认为法院应当准许其调查取证和鉴定申请,鉴于本案存在虚假诉讼疑点,法院应当主动依职权查明。

第68号指导案例裁判要点为,"人民法院审理民事案件中发现存在虚假诉讼可能时，应当依职权调取相关证据，详细询问当事人，全面严格审查诉讼请求与相关证据之间是否存在矛盾，以及当事人诉讼中言行是否违背常理。经综合审查判断，当事人存在虚构事实、恶意串通、规避法律或国家政策以谋取非法利益，进行虚假民事诉讼情形的，应当依法予以制裁"。

可以看出该要点的规则性不强、可操作性较弱，但体现了打击虚假诉讼的态度。该要点并没有规定符合某种情形，该借款合同就应当无效；也没有明确，如法院不去调取相关证据，就属于程序违法。西某公司援引了指导案例并作为一条重要的理由，但最高人民法院并未直接予以回应。

四、裁判要点的注意事项

实践中，对于援引案例的裁判要点，在比照参考适用时，应注意以下方面：

1. 参考裁判要点而非整个案例

对于"裁判要点"的哪些方面可以作为参考，实践中往往是个问题。首先要明确的是，对于载明裁判要点的指导案例、公报案例，以及高院的参考性案例，并非整个案例涉及的其他法律问题都具有类案意义的参考价值。这些案例虽然通过高级别法院以一定形式公布，但不代表认可该判决对其他法律问题的处理。

比如以下这则第9号指导案例（已被废止）。

案例7 上海存某贸易公司诉蒋某东、王某明等买卖合同纠纷案，指导案例9号

该案裁判要点为：有限责任公司的股东、股份有限公司的董事和控股股东，应当依法在公司被吊销营业执照后履行清算义务，不能以其不是实际控制人或者未实际参加公司经营管理为由，免除清算义务。

基本案情：原告上海存某贸易公司（以下简称存某公司）诉称：其向

被告常州拓某机械公司（以下简称拓某公司）供应钢材，拓某公司尚欠货款1395228.6元。被告房某福、蒋某东和王某明为拓某公司的股东，拓某公司未年检，被工商部门吊销营业执照，至今未组织清算。因其怠于履行清算义务，导致公司财产流失、灭失，存某公司的债权得不到清偿。根据公司法及相关司法解释规定，房某福、蒋某东和王某明应对拓某公司的债务承担连带责任。故请求判令拓某公司偿还存某公司货款1395228.6元及违约金，房某福、蒋某东和王某明对拓某公司的债务承担连带清偿责任。

这则指导案例的裁判要点是股东的清算义务，解决的是实体方面问题。其基本案情提及，债权人起诉"请求判令拓某公司偿还存某公司货款1395228.6元及违约金，房某福、蒋某东和王某明对拓某公司的债务承担连带清偿责任"。从该案例看，债权人似乎可以直接起诉股东。但在实践中，法院往往要求经过清算程序以确定公司无法清算，或者先起诉公司并经过执行程序后，才可以另行起诉股东。当然，仅从该指导案例本身，难以看出是否经过执行程序。对于该程序问题，虽然指导案例的基本案情有涉及，但并非裁判要点，下级法院处理时不一定予以参照适用。

2. 准确理解裁判要点

要结合案件所属部门法（民事、执行或知识产权等）、纠纷类型、关键词以及基本案情、裁判理由，根据裁判要点主要解决的问题，准确理解裁判要点。一般来说，民事案件中同类案由的参考性更强。

案例8 安徽某典当公司与任某等执行分配方案异议之诉案，（2018）最高法民申3313号

该案中，申请再审的事实和理由为："1. 案涉执行分配方案据以执行的法律文书诉前00001号调解书，把宇某公司500万元的借款保证调成4500万元的债务，且被申请人任某没有实际出借被担保的500万元借款给凯某置业公司，保证合同、诉讼文书与调解协议全是宇某公司法人代表桑某峰使用其伪造的公司印章加盖……执行分配方案异议之诉的目的与特征，

决定对执行根据的实体争议与债权的真实性应通过诉讼程序解决。最高人民法院审判委员会通过 2014 年 12 月 25 日发布的第 43 号指导案例，确立了原执行行为所依据的和解协议，应作为执行异议案件审查的范围，人民法院对侵犯案外人合法权益的执行根据（协议）不予执行。当事人恶意串通，企图通过诉讼、调解方式侵害他人合法权益的，人民法院应当驳回其请求，本案应依法驳回任某执行分配财产的请求。相关司法解释规定，防范和制裁虚假诉讼是人民法院的责任，而不是本案一、二审将责任推卸。"

最高人民法院认为，"在执行分配方案异议之诉中，法院主要对执行分配方案是否公平合理合法、债权是否存在、受偿比例和顺序等问题进行审查，而对于作为执行依据的人民法院生效判决书、调解书，则不属于执行分配方案异议之诉案件中人民法院的审查范围"。

在这个案件中，当事人援引第 43 号指导案例，认为其"确立了原执行行为所依据的和解协议，应作为执行异议案件审查的范围"，故要求法院在执行分配方案异议之诉案中对执行依据进行审查。

指导案例 43 号裁判要点为，"1. 赔偿请求人以人民法院具有《中华人民共和国国家赔偿法》第三十八条规定的违法侵权情形为由申请国家赔偿的，人民法院应就赔偿请求人诉称的司法行为是否违法，以及是否应当承担国家赔偿责任一并予以审查。2. 人民法院审理执行异议案件，因原执行行为所依据的当事人执行和解协议侵犯案外人合法权益，对原执行行为裁定予以撤销，并将被执行财产回复至执行之前状态的，该撤销裁定及执行回转行为不属于《中华人民共和国国家赔偿法》第三十八条规定的执行错误"。

该指导案例生效文书由最高人民法院赔偿委员会作出，是赔偿类案件。其裁判要点主要是司法行为是否违法应当审查、撤销裁定及执行回转行为不属于执行错误。至于执行异议案件审查时是否审查执行行为所依据的和解协议，并不是该要点包含的内容。

进一步考察该指导案例基本案情。某海口营业部与海南某公司证券回购纠纷判决生效后,在执行过程中各方达成和解协议,海南省高级人民法院裁定,对和解协议予以认可。清算组以该裁定损害其合法权益为由提出执行异议。海南省高级人民法院裁定驳回。海发行清算组、创某公司申诉后,海南省高级人民法院经再次审查,作出9-16号裁定撤销了相关裁定,"将原裁定抵债房产回转过户至执行前状态"。此后,海南某公司破产。当事人以海南省高级人民法院9-16号裁定及其行为违法,并应予返还9-11号裁定抵债房产或赔偿相关损失为由向该院申请国家赔偿。

根据该基本案情,案外人以执行和解协议侵害其合法权益,通过的是申诉途径,并非提起执行异议之诉。因此,第43号指导案例与该案显然不具有相似性,最高人民法院裁定没有对应否参考指导案例予以直接回应。

对于如何准确理解裁判要点的精神要旨,除了结合相关法律研究该案例本身外,简便有效的一个方法是,应当以该案例为关键词,检索该案例在实践中被参考运用的情况。

案例9 杜某雄与武汉治某置业集团有限公司等借款合同纠纷执行案,(2018)最高法执监46号

最高人民法院认为:本案的争议焦点是执行管辖权是否构成阻却执行法院对第三人处到期债权采取执行措施的事由。

执行中,将被执行人对他人所享有的到期债权,作为一种可供执行财产予以执行,对于解决实践中大量的连环债务问题具有积极意义。根据最高人民法院指导案例36号:中某信用担保有限公司与海某证券股份有限公司等证券权益纠纷执行复议案的案例要旨指出,被执行人在收到执行法院执行通知之前,收到另案执行法院要求其向申请执行人的债权人直接清偿已经法院生效法律文书确认的债务的通知,并清偿债务的,执行法院不能将该部分已清偿债务纳入执行范围。因此,该案例的处理意见,事实上肯定了实践中对经人民法院生效民事判决确定的债权,可由非该判决执行法院予以处置的做法,执行管辖权不构成阻却另案执行法院对第三人处到期债权采取执行措施的事由。黄冈中院可以根据《最高人民法院关于适用

《中华人民共和国民事诉讼法》的解释》第五百零一条，对生效法律文书确定的到期债权采取执行措施。而多个法院对同一执行标的采取执行措施的顺序，应按查封顺位依次进行，在先保全债权的执行法院，对该财产性权益具有执行顺位上的优先性。湖北省高级人民法院为协调黄冈、武汉两地执行冲突，在该院（2017）鄂执复125号执行裁定中认为，黄冈中院在先执行行为因武汉某院立案执行而应予撤销，但没有考虑武汉某院亦应尊重另案执行法院债权保全的法律效力等情况，该处理意见理据不足。此外，本案复议审查中，湖北省高级人民法院未对湖北山某公司提出的该公司已无可供执行的到期债权、与武汉冶某公司存在互负债务应予抵销、应解除对该公司财产所有查封措施等复议请求，予以审查。

最高人民法院在本案中，对第36号指导案例的裁判要点的要旨精神进一步阐述。

第36号指导案例的裁判要点为，"被执行人在收到执行法院执行通知之前，收到另案执行法院要求其向申请执行人的债权人直接清偿已经法院生效法律文书确认的债务的通知，并清偿债务的，执行法院不能将该部分已清偿债务纳入执行范围"。通过本案，最高人民法院进一步阐述第36号指导案例裁判要点精神，认为"该案例的处理意见，事实上肯定了实践中对经人民法院生效民事判决确定的债权，可由非该判决执行法院予以处置的做法，执行管辖权不构成阻却另案执行法院对第三人处到期债权采取执行措施的事由"。

3. 裁判要点精神的扩张

一方面要明确裁判要点的具体针对性，另一方面又要注意其蕴含的精神，可以在相关案件中扩张适用。这里的相关案件，主要是指与该指导案例、公报案例或参考案例不同案由、不同交易种类的民商事案件。一般情况下，裁判要点精神在一级案由内扩张，扩张的交易种类之间也有一定的关联。当然，裁判要点精神的扩张，有很大的主观性。

案例 10 青岛秦某公司与国家开发银行及原审第三人海南某公司应收账款质权纠纷案，(2019) 最高法民终 1023 号

最高人民法院认为，"关于质权人行使应收账款质权时能否要求应收账款债务人给付相应款项的问题，我国法律并未规定应收账款质权的具体实现方式。由于应收账款质权的标的仅限于金钱之债，故质权人行使质权时有权直接要求应收账款债务人给付相应款项，而无需采取折价、拍卖或变卖之方式。本院发布的《福建某银行股份有限公司福州五一支行诉长某污水处理有限公司、福州市某公司金融借款合同纠纷案》（指导案例53号）认为，特许经营权的收益权依其性质不宜折价、拍卖或变卖，质权人主张优先受偿权的，人民法院可以判令出质债权的债务人将收益权的应收账款优先支付质权人。参照上述指导案例，一审判决关于应收账款质权人可以请求确认其对所涉应收账款享有优先受偿权，但无权请求应收账款债务人直接向其支付所涉应收账款的认定确有不当，审理中，注意根据查明事实情况，予以纠正"。

最高人民法院裁定本案发回重审。

在这个案件中，当事人以应收账款质押，一审判决认为应收账款质权人可以请求确认其对所涉应收账款享有优先受偿权，但无权请求应收账款债务人直接向其支付所涉应收账款。最高人民法院认为，参照第 53 号指导案例，一审判决认定不当。

第 53 号指导案例裁判要点为，"1. 特许经营权的收益权可以质押，并可作为应收账款进行出质登记。2. 特许经营权的收益权依其性质不宜折价、拍卖或变卖，质权人主张优先受偿权的，人民法院可以判令出质债权的债务人将收益权的应收账款优先支付质权人"。该指导案例是金融借款合同纠纷，涉及特许经营权的收益权质押。最高人民法院实际是认为第 53 号指导案例裁判要点的精神也是可以适用于本案应收账款质押纠纷。这就是裁判要点蕴含精神的适当扩张，也可以说是准确理解。

第二节　裁判理由和处理结果

在"张家口市银某房地产开发有限公司与张家口通某控股集团有限公司合资、合作开发房地产合同纠纷案"（［2019］最高法民终529号）中，最高人民法院判决指出"通某公司以一审法院审理的另案房地产合作纠纷作为参考案例，主张本案在利息支付方式上与另案存在同案不同判现象，但其剥离另案的特定案情和其他整体性考量因素，仅就另案中的一项涉及自由裁量权的处理结论作为证明其上诉主张的基础，不足以说明其另案裁判理由及其处理结果就是同类型案件具有共性的司法裁判规则"。这说明，在实践中裁判理由、处理结果也是参考适用的重要方面。

对于指导案例以及公报案例、各地高院的参阅案例之外的案例，主要是参考其裁判理由。但是，裁判理由和处理结果对具体案情的依赖性、关联性更高，在辨析其参考价值时更要注意。

对裁判理由的参考，要和类案的识别结合，主要是从中提炼出裁判规则或直接引用其对法律规则的阐释。裁判理由的参考也要结合其处理结果，注意解决个案争议的目的性。

对处理结果的参考，一般是依据诉讼请求和裁判结果，提炼得出当事人在一定情形下提出的某项主张应予以支持，处理结果本身并不具有单独的参考价值。

本节主要讨论对裁判理由、处理结果如何参考。

一、裁判理由的特征

相对于裁判要点，裁判理由的参考价值较弱。前述裁判要点的基本类型，在裁判理由中也是存在的。实践中，案例的裁判理由即说理部分往往并不突出，通常与个案案情密切结合，仅有少数涉及明确的裁判规则。

裁判理由具有以下特征：

1. 表述上的整体性

在表现方法上，裁判理由具有整体性。裁判者作出裁判时往往并不看重赋予其广泛的参考性。孤立地看待裁判理由中的某一段落或部分，容易误解裁判者的真实意图。因此，在类案参考时，要避免摘引式参考带来的误导性、片面性。

案例 11 丹某县交通运输局与李某夫等民间借贷纠纷执行案，（2019）最高法执复 20 号

李某夫与贵州省高某交通建筑有限公司（以下简称高某公司）、陈某、朱某民间借贷纠纷一案，贵州省高级人民法院于 2017 年 3 月 15 日作出（2016）黔民初 269 号民事调解书。李某夫向贵州省高级人民法院申请强制执行。贵州省高级人民法院受理后，依李某夫申请，执行高某公司对丹某县交通运输局的到期债权。

2018 年 3 月 22 日，贵州省高级人民法院将（2016）黔民初 269 号民事调解书指定由某区法院执行。

2018 年 7 月 12 日，丹某县交通运输局向贵州省高级人民法院提出异议称，1. 高某公司中标丹某县交通运输局单位组织实施的工程未竣工，未进行决算、审计、结算，工程款是否是 1300 万元不确定，且高某公司超工期应当承担违约责任，同时，不排除工程质量问题等违约责任；2. 项目资金来源主要有中央投资（车购税项目）、向农发行借款、丹某县交通运输局拆借资金、各施工队垫资等，现中央车购税项目资金未到，丹某县交通运输局无力承担履行到期债务通知书要求履行的债务；3. 实际施工人是黔东南州通某交通建设有限公司（以下简称通某公司），该公司挂靠高某公司中标。工程中有大量农民工工资及材料款。据此，请求撤销（2017）黔执 361 号履行到期债务通知书的执行内容。

李某夫答辩称，丹某县交通运输局已超过十五天提出异议的期限，已丧失提出执行异议的权利；丹某县交通运输局的执行异议主张不足以排除

法院的执行。

贵州省高级人民法院驳回异议。提出复议后，最高人民法院认为，本案的争议焦点是：丹某县交通运输局对履行到期债务通知书提出异议应如何认定问题。

本案复议申请人丹某县交通运输局异议及复议申请事项均为请求撤销贵州省高级人民法院履行到期债务通知书。因此，异议及复议审查的内容首先应为其是否有权对该履行到期债务通知书提出异议。按照执行规定第六十一条第二款第三项关于"第三人对履行到期债权有异议的，应当在收到履行通知书后的15日内向执行法院提出"；第六十五条关于"第三人在履行通知指定的期限内没有提出异议，而又不履行的，执行法院有权裁定对其强制执行。此裁定同时送达第三人或被执行人"的相关规定，对履行到期债务通知书提出异议有明确期限要求。本案中，贵州省高级人民法院于2017年7月21日作出了（2017）黔执361号履行到期债务通知书，丹某县交通运输局于2018年7月12日才对该通知书提出异议，明显超出了法定期限，已经丧失到期债权程序对其利益的保护。

本案经贵州省高级人民法院指定执行后，某区法院于2018年7月26日扣划丹某县交通运输局1300万元至法院账户上。根据《执行异议和复议规定》第五条关于有下列情形之一的，当事人以外的公民、法人和其他组织，可以作为利害关系人提出执行行为异议中的"（四）认为人民法院要求协助执行的事项超出其协助范围或者违反法律规定的；（五）认为其他合法权益受到人民法院违法执行行为侵害的"规定，丹某县交通运输局若认为1300万元债权金额并不确定，前述扣划行为错误，可依法对该执行行为向执行法院某区法院提出异议进行救济。

这个案件中，如仅看裁判理由，最高人民法院提出"贵州省高级人民法院于2017年7月21日作出了（2017）黔执361号履行到期债务通知书，丹某县交通运输局于2018年7月12日才对该通知书提出异议，明显超出了法定期限，已经丧失到期债权程序对其利益的保护"。据此，似乎可以得出执行对第三人到期债权的,如第三人逾期提出异议,法院不予支持的结论。但是,进一步考虑该案事实,丹某县交通运输局异议并不否认被执行人高某公司在该局有债权,其辩称该债权还未最终结算。显然,这与第三人虽然逾期异议,但提出债权根本不存在的情形不同。因此,前述结论存疑。在适用中,应注意待决案件的案情,也要扩展查询相似案件。

2. 与事实紧密结合

在内容上,裁判理由与案件事实往往紧密结合。判决在论述法律适用时,通常和具体案情结合,在作出结论时,往往要概括该案的具体案情。

因此,结合案件事实,可以准确地理解裁判理由、指导对类案的查询,识别类案的利弊。特别是对于主动提供的类案,如果未充分辨析其裁判理由与事实的关联,可能导致误判。

第一,论述结合案情。

比较常见的法律适用问题一般都是和案情结合一起,比如"当事人之间所签订协议的效力问题"。这种情况下,其对效力的判断往往就和该案案情紧密联系。在类案参照时,特别注意需要对基本事实方面的相似性进行比对。

第二,结论以概括案情为前提。

这种情况主要是针对司法裁判规则类型的法律适用案例。由于担心造法的指责、被挑战等因素,裁判规则往往是综合了该案基本案情得出的结论,普适性受到影响。

案例 12 执行案外人林某祥申请执行人执行异议之诉案,(2020)最高法民再 233 号

2011 年 1 月 14 日,袁某东与吴某签订《预约合同》,约定吴某将其按揭购买的案涉房屋出售给袁某东,袁某东向吴某支付 161100 元购房款,以后按月支付银行的按揭款。该《预约合同》于同日在四川省成都市高某公证处公证。吴某于同日向袁某东出具收条载明:收到袁某东房款 161100

元。袁某东、邓某英自 2010 年 5 月起装修所购房屋，并占有使用至今。

二审法院认为，"袁某东、邓某英在购买案涉房屋时明知该房屋设有银行按揭贷款，该房屋上设有权利负担。袁某东、邓某英选择向吴某购买该房屋，采取向吴某的银行账户每月打款的方式代吴某归还按揭贷款，理应预期对于抵押贷款未还清前房屋难以办理过户登记到名下以及可能产生的风险，故该房屋在法院查封前未能办理过户登记，一定程度上系其自身原因所致"。

最高人民法院认为："袁某东、邓某英在购买案涉房屋时知晓该房屋设有银行按揭贷款但未重新办理抵押，该交易安排不具有违法性，因而袁某东、邓某英并不因此而具有法律上的可责难性。袁某东、邓某英对案涉房屋的风险预期，应当限于如未按时、足额偿还按揭贷款而产生的抵押权人主张权利的风险，不应扩大至抵押贷款未还清前房屋仍登记在原权利人名下、因原权利人的行为而产生的一切风险。""此外，综合考虑袁某东、邓某英已实际支付案涉房屋绝大部分房款，自 2010 年即占有使用，邓某英离异后至今仍居住在案涉房屋，且该房是邓某英在成都市的唯一住房等因素，相较于银行基于吴某应当履行保证责任而享有的保证债权，对袁某东及邓某英，特别是邓某英对于案涉房屋享有的权利予以优先保护，符合法律保障生存权、居住权的精神，更具有正当性和合理性。"

在这个案件中，焦点是购买已设定抵押房屋的买受人，能否阻却执行？二审法院认为在此情形下，对于不能过户系买受人自己原因造成的。最高人民法院则认为买受人对此没有过错。但是，最高人民法院判决并未就此得出结论认为：购买已设定抵押房屋的买受人有权阻却执行。

最高人民法院依据《执行异议和复议规定》第二十八条规定，论述四个条件。但是，和一般的类似案件不同的是，其并非在论述满足四个条件后即认定阻却执行的主张成立，而是又提出"综合考虑"相关情况，最后得出改判的结论。本案属于典型的结论以综合具体案情为前提，其裁判理由对具体案情依赖性较高。

3. 依赖再度认识

对于裁判理由的参考运用，更加依赖裁判者的再度认识。由于裁判理由约束力较弱，加之表述不够严谨等原因，如何理解与适用，对于裁判者的再度认识依赖性更高。

以下案例可以充分说明这个问题。

案例 13 隆某公司、跃某公司、王某伟、赵某兰因与云南某律师事务所、银某公司债权人撤销权纠纷案，(2019) 最高法民申 4565 号

最高人民法院认为：本案系隆某公司等四名债权人认为鸿某公司管理人与银某公司签订低价资产竞买合同，未经债权人会议同意，损害债权人利益，请求确认该竞买合同无效。该纠纷属于与企业破产有关的纠纷，应当按照企业破产程序处理。鸿某公司管理人变卖大理鸿某戴斯酒店相关资产的行为属于执行职务行为。由于破产程序中债权人之间往往存在利益冲突和意见分歧，为保障破产管理人依法行使职权、推进破产程序的顺利进行，破产法及相关司法解释赋予债权人通过债权人会议对破产管理人的职务行为予以监督之权，如债权人会议认为破产管理人不能依法、公正执行职务或者是有其他不能胜任职务情形的，可以申请人民法院予以更换。债权人认为破产管理人行使职务行为不当而给其造成损失，亦可以诉请赔偿。但债权人个人无权直接干涉破产管理人行使职务行为。因此，本案隆某公司等四名破产债权人起诉请求确认竞买合同无效，不属于人民法院受案范围。原审法院驳回隆某公司、跃某公司、王某伟、赵某兰的起诉并无不当。

在这个案件中，最高人民法院提出，"如债权人会议认为破产管理人不能依法、公正执行职务或者是有其他不能胜任职务情形的，可以申请人民法院予以更换。债权人认为破产管理人行使职务行为不当而给其造成损失，亦可以诉请赔偿。但债权人个人无权直接干涉破产管理人行使职务行为"。

从裁判理由看，似乎比较明确，也给出了指引，即该种情形下当事人

"亦可以诉请赔偿",另行起诉。

案例 14 隆某公司、跃某公司、王某伟、赵某兰因与鸿某公司管理人责任纠纷案,(2019)最高法民再 198 号

隆某公司、跃某公司、王某伟、赵某兰向一审法院起诉请求:1. 判令鸿某公司管理人赔偿债权人因未勤勉履责造成的经济损失 227589040 元;2. 判令鸿某公司管理人赔偿因不当诉讼给隆某公司、跃某公司、王某伟、赵某兰造成的损失 292440 元;3. 案件诉讼费由鸿某公司管理人承担。

一审法院认为,鸿某公司管理人通知刘某华继续履行合同、解除合同以及变卖鸿某戴斯酒店相关资产的行为属于执行职务的行为。由于破产程序中债权人之间存在利益冲突和意见分歧,为保障管理人依法行使职权、推进破产程序的顺利进行,破产法赋予债权人通过债权人会议对管理人职务行为予以监督的权利,如债权人会议认为管理人不能依法、公正执行职务或者有其他不能胜任职务情形的,可以申请人民法院予以更换。债权人认为管理人行使职务行为不当而给其造成损失,亦可通过债权人会议诉请赔偿。但债权人个人无权直接干涉管理人行使职务的行为。因此,本案隆某公司、跃某公司、王某伟、赵某兰作为债权人个人对鸿某公司管理人履行职务的行为提起诉讼,请求损害赔偿,不属于人民法院受案范围,隆某公司、跃某公司、王某伟、赵某兰主体身份不适格,不符合《中华人民共和国民事诉讼法》第一百一十九条规定的起诉条件,人民法院不应受理。依照《中华人民共和国民事诉讼法》第一百一十九条、第一百五十四条第一款第三项,《最高人民法院关于适用〈中华人民共和国民事诉讼法〉的解释》第二百零八条第三款规定,裁定驳回隆某公司、跃某公司、王某伟、赵某兰的起诉。

二审维持原判。

最高人民法院再审认为:关于本案是否符合起诉条件的问题。《中华人民共和国民事诉讼法》第一百一十九条规定的起诉条件为:原告是与本案有直接利害关系的公民、法人和其他组织;有明确的被告;有具体的诉

讼请求和事实、理由；属于人民法院受理民事诉讼的范围和受诉人民法院管辖。根据《中华人民共和国企业破产法》第一百三十条的规定，"管理人未依照本法规定勤勉尽责，忠实执行职务的，人民法院可以依法处以罚款；给债权人、债务人或者第三人造成损失的，依法承担赔偿责任"。本案中，隆某公司、跃某公司、王某伟、赵某兰均是鸿某公司的债权人，对于破产资产的处理具有直接利害关系，且有明确的被告和诉讼请求，本案应当属于民事案件的受案范围。隆某公司、跃某公司、王某伟、赵某兰在鸿某公司破产清算期间虽与鸿某公司签订了《和解协议书》和《对账凭证》，但债权人与债务人之间达成清偿协议，并不妨碍债权人行使对管理人的赔偿请求权，且上述和解协议并未得到人民法院的裁定许可，因此相应的和解协议及清偿行为尚未产生法律效力，鸿某公司管理人据此主张隆某公司、跃某公司、王某伟、赵某兰已丧失债权人身份及本案原告主体资格没有法律依据。

关于四名再审申请人能否代表全体债权人请求赔偿或请求管理人向债务人赔偿的问题。《最高人民法院关于适用〈中华人民共和国企业破产法〉若干问题的规定（二）》第九条、第三十三条赋予了债权人在管理人因过错未行使撤销权导致债务人财产不当减损，因故意或重大过失导致他人损害产生共益债务的赔偿请求权；第二十三条赋予个别债权人在管理人拒绝追收次债务人债务时，代表全体债权人向次债务人或次债务人的出资人主张向债务人清偿的诉讼权利。法律和司法解释虽然对个别债权人能否代表全体债权人向管理人提起赔偿请求没有明确规定，但根据上述司法解释的原理，应当视为个别债权人能够代表全体债权人向管理人请求赔偿，赔偿所得纳入破产财产。

关于债权人能否对管理人的财产处置行为提起诉讼的问题。《最高人民法院关于适用〈中华人民共和国企业破产法〉若干问题的规定（三）》第十五条的规定，并未否定债权人针对管理人处置资产不当提起赔偿的权利。管理人处置资产的行为与管理人实施的其他执行职务的行为并无区别，若管理人在处置资产过程中未勤勉尽责、忠实执行职务，给债权人造成损失，债权人仍有权主张赔偿。破产管理人虽扮演"法定受托人"的角色，但仍需对其行为过失承担责任。破产法为了制约管理人的权利，保护债权人利益，赋予债权人对管理人重大财产处分行为的监督权和赔偿请求权，这两项权利互为补充，兼顾了破产程序效率与公正两个方面的价值追求。基于效率方面的考虑，债权人仅享有有限的监督权，且只能通过债权人会议和债权人委员会行使。债权人委员会虽有要求管理人纠正的权利，但并无最终决定权和实施权。而赋予债权人在财产处置后的赔偿请求权，则可以在不影响破产程序推进的情况下，追究管理人在财产处分过程中的故意或过失行为责任，实现公正的价值目标。鸿某公司管理人主张债权人无权通过外部救济途径提起本案诉讼的理由不成立。

这两个案件是关联案件，关于两案最高人民法院再审裁定的合议庭成员一致。第一个案件，当事人起诉要求确认鸿某公司管理人与银某公司签订低价资产竞买合同无效，法院驳回起诉。最高人民法院的裁判理由提出，"债权人认为破产管理人行使职务行为不当而给其造成损失，亦可以诉请赔偿"。

在本案中，四债权人起诉管理人赔偿损失。但是，一审法院驳回其起诉，在裁判理由中，一审法院几乎照搬了第一个案件的最高人民法院的本院认为部分。但对"亦可以诉请赔偿"加了一限定，变成"亦可通过债权人会议诉请赔偿"。

在一定程度上，是由于第一个案件裁判理由的表述不够严谨，造成一审法院的理解错误。按照一审法院理解，即使可以另行要求赔偿，仍然需要经过债权人会议。因此，在本案中，最高人民法院进行充分的分析阐述，明确指出，"个别债权人能够代表全体债权人向管理人请求赔偿"。在这种关联案件中，对裁判理由的理解错误，可以得到裁判者的纠正。但在大多数案件中，援引类案时都无法求证，更多依赖待决案件的相关参与人的认识。因此，结合案情准确、全面理解裁判理由尤其重要。

二、法律规则的适用

少数裁判理由中会直接阐述法律规则的适用问题。这种情形一般是裁判理由直接论述某项法律规则（是某条法律或司法解释条款）的立法本意、适用条件、溯及力等情形。这样的论述可为类案参考。

案例 15　吴某与某银行股份有限公司南充分行等申请执行人执行异议之诉案，（2021）最高法民申 1131 号

再审申请人提出，"从最高人民法院以往的裁判可知，《执行异议和复议规定》第二十八条和第二十九条是'一般'与'特殊'的关系，购房者可选择适用"。

最高人民法院认为：在原审法院已经查明并认定某银行南充分行对执行标的享有抵押权的情形下，吴某如要排除某银行南充分行对案涉房屋享有的抵押权优先受偿权，必须符合《执行异议和复议规定》第二十七条的规定。该条确立了享有担保物权的申请执行人的优先受偿地位，同时基于对一些特定权益优先保护的必要，通过"但书"予以排除。根据《最高人民法院关于建设工程价款优先受偿权问题的批复》① 第一条、第二条的规定，交付全部或者大部分款项的商品房消费者的权利优先于抵押权人优先受偿权，此即属于"但书"条款所言的例外规定，该规定是基于生存权至上的考虑，突破合同相对性和债权平等而设置的特别规定，实践中需要严格审查和把握，以免动摇抵押权的优先性基础。《执行异议和复议规定》第二十九条规定体现了对商品房消费者物权期待权的优先保护。而《执行异议和复议规定》第二十八条则规定了一般房屋买受人的物权期待权，但该类情形并不具有优先于抵押权的生存权至上的价值基础。也即，一般不动产买受人即便符合《执行异议和复议规定》第二十八条的规定，也不能对抗抵押权人。因此，在某银行南充分行对执行标的享有抵押权的情形下，

---

① 已失效。

吴某作为案外人对案涉房屋享有的权益如要对抗已办理登记的抵押权的优先地位，必须符合《执行异议和复议规定》第二十九条的规定，原审判决适用法律并无不当。

在这个案件中，最高人民法院指出，"作为案外人对案涉房屋享有的权益如要对抗已办理登记的抵押权的优先地位，必须符合《执行异议和复议规定》第二十九条的规定"。这是对第二十九条适用范围、前提条件的阐述，可以作为类案的参考。

在这个案件中，再审申请人提出，"从最高人民法院以往的裁判可知，《执行异议和复议规定》第二十八条和第二十九条是'一般'与'特殊'的关系，购房者可选择适用"。从裁判文书看，该观点并未列明依据，而这样的观点，必须多个案例予以支持。

最高人民法院在这个案件中并没有论及《执行异议和复议规定》第二十八条与第二十九条能否在一定情形下选择适用。最高人民法院认为必须适用《执行异议和复议规定》第二十九条的前提是"案外人对案涉房屋享有的权益如要对抗已办理登记的抵押权的优先地位"。将《执行异议和复议规定》第二十九条作为第二十七条的例外规定，还可以检索到相关案例。

在此前的"广西某集团有限公司与王某祥、一审第三人某房地产开发有限公司案外人执行异议之诉案"（［2018］最高法民再443号），最高人民法院已指出，"从法律逻辑上看，房屋买受人若要排除普通债权的执行，既可以选择适用《执行异议和复议规定》第二十八条，也可以选择适用第二十九条，但房屋买受人若要排除建设工程价款优先受偿权、担保物权等权利的强制执行，则必须符合《执行异议和复议规定》第二十九条的规定"。可见这两个案件观点是一致的。

最高人民法院2021年2月公布的指导案例156号"王某某诉徐某君、北京市金某房地产发展有限责任公司案外人执行异议之诉案"，裁判要点为"《执行异议和复议规定》第二十八条规定了不动产买受人排除金钱债权执行的权利，第二十九条规定了消费者购房人排除金钱债权执行的权利。案外人对登记在被执行的房地产开发企业名下的商品房请求排除强制执行的，可以选择适用第二十八条或者第二十九条规定；案外人主张适用第二十八条规定的，人民法院应予审查"。该指导案例的基本事实是一般债权人申请执行，并未涉及对抗抵押权等优先权。考虑各案裁判理由的主要事实前提，其精神实质都是一致的。

三、明确的裁判规则

有的裁判理由中，可以明显看出一项裁判规则。其在表述上往往是独立成句，在内容上往往并不依赖于该案特殊的案情。这表明该规则的确定性较高。这种情形下，就可以将该项规则作为类案参考，但在实际运用中也要注意案件事实。

案例 16　黄某兴与双某公司等案外人执行异议之诉纠纷案，（2019）最高法民终 1946 号

最高人民法院认为，本案争议焦点为：一、股权被依法查封后，受让人提出执行异议之诉成立的要件；二、双某投资公司是否符合股权受让人提出执行异议之诉成立的要件。

关于股权被依法查封后，受让人提出执行异议之诉成立的要件

执行异议之诉的基本功能在于通过实体审理程序判断金钱债权申请执行人基于生效裁判对执行标的享有的权利与异议人对执行标的享有的权利谁更具有优先性。申请执行人基于对被执行人享有合法债权，而对被执行人名下执行标的具有请求人民法院依法处置，所得价款用于清偿其债权的权利。执行异议之诉制度基本价值取向是基于公平原则，给予符合特定条件的异议人优于普通债权人的特别保护。基于执行异议之诉基本功能与价值取向，除存在法定优先权情形下，受让人提出对执行标的具有优先性因而可以排除强制执行的，一般应当具备以下要件。

1. 受让人对执行标的权利应当是真实的，且该权利早在人民法院查封

之前即已客观存在。真实性是受让人提出的执行异议能够成立的前提条件，如受让人对执行标的权利为虚假，则无保护之必要，遑论优先保护。人民法院查封之后，任何针对执行标的处分行为均应属无效，故受让人的权利在人民法院查封之前即已客观存在亦属于其异议能够成立的前提条件。因此，受让人与被执行人应当在人民法院查封之前签订真实有效的转让合同。

2. 受让人已实际占有或控制执行标的。在受让人没有实际占有或者控制执行标的情况下，其所享有的仅是请求被执行人依约交付执行标的的权利，该权利属于债权请求权，而债权具有平等性，不能对抗强制执行。在受让人因被执行人的履约行为已实际取得对执行标的的占有或控制后，受让人已经可以对执行标的进行占有、使用、收益，而被执行人对执行标的即不再享有上述权益。人民法院在执行程序中对被执行人所采取的强制执行措施，应当以其实际享有的财产或财产性权益为限。在被执行人因丧失对执行标的的占有或控制而对该执行标的不享有任何权益之时，即具有将该财产排除强制执行的可能，也即受让人实际占有或控制执行标的是赋予其优先保护的实质要件。在转让对象系股权的情况下，在认定受让人实际控制执行标的的要件时应当考虑到股权的基本特性。股权是股东或出资人对公司所享有的资产收益、参与重大决策和选择管理者等权利，该权利行使的对象是公司。《中华人民共和国公司法》第三十二条第一款及第二款规定："有限责任公司应当置备股东名册，记载下列事项：（一）股东的姓名或者名称及住所；（二）股东的出资额；（三）出资证明书编号。记载于股东名册的股东，可以依股东名册主张行使股东权利。"据此，股东名册是股东行使股东权利的依据。受让人能够实际行使股权的前提应当是公司股东名册已经变更、受让人已经作为股东记载于股东名册。故受让人应在人民法院查封之前完成公司股东名册的变更，其可依据股东名册向公司主张股东权利。

3. 被执行人的责任财产没有因转让行为而不当减少。首先，执行标的原本属于被执行人的责任财产，系债权人可以请求人民法院依法处置，用于清偿债务的对象。受让人取得对执行标的占有或控制是基于转让合同关系，而在该基础法律关系中，被执行人转让执行标的的目的是获得转让价款。被执行人转让执行标的与受让支付价款构成对待给付关系，两者相互依存，相互构成受领给付的基础。在受让人已经实际支付转让价款或者已依约支付部分价款、剩余价款交由人民法院执行的情形下，被执行人名下财产由该执行标的转化为转让价款，其责任财产范围并没有因转让行为而不当减少。考虑到受让人依约履行支付价款等合同主要义务的情况下，其有权继续保持受领给付状态，可以赋予其排除强制执行的权利。而在受让人未按照合同约定支付转让对价的情况下，受让人因未履行对待给付义务，缺乏对执行标的继续占有的基础。在该执行标的被人民法院依法查封时，即不应赋予受让人排除执行的权利。其次，执行异议之诉基本价值系公平原则。在受让人未支付价款且不愿意将剩余价款交付人民法院执行的情况下，如赋予受让人优于对执行标的采取查封措施且已支付对价的债权人特别保护则有悖于执行异议之诉制度基本价值。再次，现行司法解释关于受让人能够排除执行的规定中均将转让价款的支付作为核心要件之一。2004年颁布实施的《最高人民法院关于人民法院民事执行中查封、扣押、冻结财产的规定》（以下简称《查封、扣押、冻结财产的规定》）[①]第十七条规定："被执行人将其所有的需要办理过户登记的财产出卖给第三人，第三人已经支付部分或者全部价款并实际占有该财产，但尚未办理产权过户登记手续的，人民法院可以查封、扣押、冻结；第三人已经支付全部价款并实际占有，但未办理过户登记手续的，如果第三人对此没有过错，人民法院不得查封、扣押、冻结。"2015年颁布实施的《执行异议和复议规定》第二十八条规定："金钱债权执行中，买受人对登记在被执行人名下的不动产提出异议，符合下列情形且其权利能够排除执行的，人民法院应予支持：（一）在人民法院查封之前已签订合法有效的书面买卖合同；（二）在人民法院查封之前已合法占有该不动产；（三）已支付全部价款，或者已

---

① 此规定已于 2020 年 12 月被修正。

按照合同约定支付部分价款且将剩余价款按照人民法院的要求交付执行；（四）非因买受人自身原因未办理过户登记。"《执行异议和复议规定》第二十八条基本延续了《查封、扣押、冻结财产的规定》第十七条的规定，只是将价款支付条件放宽至"已支付全部价款，或者已按照合同约定支付部分价款且将剩余价款按照人民法院的要求交付执行"。甚至，在基于生存权系最优先权利而对消费者购房予以最优保护的《执行异议和复议规定》第二十九条中仍将消费者购房人"已支付的价款超过合同约定总价款的百分之五十"作为排除执行的要件之一。在执行异议之诉中，股权受让人不应取得比消费者购房人更优越的地位。因此，股权受让人在查封之前已足额支付转让价款或已依约支付部分价款且将剩余价款按照人民法院的要求交付执行亦应属于其能够排除执行的必要条件之一。双某投资公司提出仅办理股权名册变更即可对抗强制执行的观点不能成立。

综上，在人民法院依法查封股权后，股权受让人提出执行异议之诉成立要件应当包括：其一，受让人与被执行人应当在人民法院查封之前签订真实有效的转让合同；其二，受让人应在人民法院查封之前完成公司股东名册的变更，其可依据股东名册向公司主张股东权利；其三，受让人在查封之前已足额支付转让价款或已依约支付部分价款且将剩余价款按照人民法院的要求交付执行。

这个案件属于典型的明确裁判规则型。其从执行异议之诉基本功能与价值取向出发，分析了受让人提出对执行标的具有优先性因而可以排除强制执行的一般性要件。进而分析得出在人民法院依法查封股权后，股权受让人提出执行异议之诉的成立要件。裁判理由在阐述裁判规则时是明确的，可以在类案中参考适用。

四、提炼裁判规则

多数裁判理由并不会很有把握地、明确地提出或归纳出一项裁判规则。即使指导案例，如前文所举案例，也存在进一步理解、扩张适用的情形。

实践中，很多时候需要从裁判理由提炼出一项裁判或者司法规则，有时甚至是法院或者承办法官的某种倾向、态度。这对于类案参考而言，非常重要。因为指导案例或参考案例数量相对较少，实践中提供的类案大多数没有裁判要点或摘要。当然，这种情形下的裁判规则，更加受制于个案事实，也需要多个案例予以相互印证。

提炼裁判规则主要注意几点：其一，提炼出来的内容应当不是法条或司法解释的重复。当然，如果提炼出来的观点已经被普遍认可，也只能起到辅助作用。其二，提炼的规则，应当尽可能脱离特殊的案情，尽可能减少事实前提。只有这样才能增强其普适性。其三，应当尽可能检索、提供持有相类似观点的案例。以防止片面性、增强参考适用的信心。

案例 17 恒某银行重庆分行与享某公司等金融借款合同纠纷案，(2019) 最高法民终 58 号

2017 年 6 月 26 日，互某置业公司作出股东会决议，载明：股东会同意本公司为享某公司向恒某银行重庆分行申请委托债权 2.15 亿元提供抵押担保，并载明抵押物为湖南省长沙市某办公用房。该决议尾部股东处加盖有某网络公司印章。

恒某银行重庆分行要求互某置业公司承担连带责任。一审法院未支持。恒某银行重庆分行提出上诉。

最高人民法院认为："（一）恒某银行重庆分行与互某置业公司之间是否成立抵押合同关系。基于促进交易的理念，我国合同法保护缔约形式自由，但出于交易理性、交易安全等考虑，法律对部分合同仍保留特殊形式要求，《中华人民共和国合同法》①第十条规定'法律、行政法规规定采用书面形式的，应当采用书面形式'。因抵押合同通常具有单向负担义务的性质，风险性较高，法律意图通过合同的书面性要求给予抵押人最后一次深思熟虑的机会，尽量避免其作出草率决定，故《中华人民共和国物权

---

① 本法已失效，下文中不再标注。

法》第一百八十五条第一款规定'设立抵押权，当事人应当采取书面形式订立抵押合同'，《中华人民共和国担保法》①第三十八条规定'抵押人和抵押权人应当以书面形式订立抵押合同'。恒某银行重庆分行作为专业金融机构，对其金融借款所涉抵押合同理应坚持书面性要求。而本案中，恒某银行重庆分行与互某置业公司未签订书面抵押合同，不符合法律关于抵押合同的特殊形式要求。

同时，恒某银行重庆分行与互某置业公司之间实质上也难谓形成了担保合意。首先，抵押意思载体与通常形式不符。公司提供抵押意思的形成过程，原则上包括作出股东会决议、内部工作人员执行股东会决议并制作以公司名义向特定主体发出抵押意思的载体两个阶段。案涉股东会决议虽加盖了互某置业公司的公章，载明了被担保债权的种类、数额及抵押财产范围，但毕竟是一份公司内部决议，而非书面要约、合同文本等通常以公司名义向特定主体发出抵押意思的载体。其次，抵押意思载体的送达方式存在争议。恒某银行重庆分行主张案涉股东会决议系互某置业公司直接送交，但不能陈述双方具体经办人员及详细过程。在互某置业公司否认其直接送交过的情况下，恒某银行重庆分行何以持有案涉股东会决议在事实层面上存在争议，互某置业公司的意思外化过程存在瑕疵。再次，互某置业公司的股东会决议作出于案涉贷款发放一年多之后，且作出股东会决议不久，互某置业公司的全部股权因交易发生了变化。由于变更后的股东对该股东会决议不予认可加之股权转让过程中存在其他纠纷，引发湖南省高级人民法院48号案诉讼。根据本院调取的该案材料，无法得出新股东承诺承接案涉债务或股权转让价款包含案涉债务的结论。故互某置业公司关于股东会决议系原股东作出、新股东不知情的主张具有一定合理性。最后，互某置业公司在股东变更后的几个月内向享某公司的贷款还款账户汇入应付利息，表明互某置业公司与享某公司之间存在一定关联关系，但代为还款行为不足以证明互某置业公司有为案涉借款提供抵押担保的意思。

---

① 本法已失效，下文中不再标注。

综合上述因素，应当认定恒某银行重庆分行与互某置业公司之间并未形成抵押合同关系。"

本案经最高人民法院民事行政审判专业委员会会议讨论决定维持原判。该案指出，"案涉股东会决议虽加盖了互某置业公司的公章，载明了被担保债权的种类、数额及抵押财产范围，但毕竟是一份公司内部决议，而非书面要约、合同文本等通常以公司名义向特定主体发出抵押意思的载体""抵押意思载体的送达方式存在争议"等。

从这段裁判理由可以提炼出一个规则，就是公司决议虽然通过对外提供担保，但是其属于内部程序，其中意思表示的效力并不能当然及于公司之外的任何第三方；或者说，单独的股东会决议、董事会决议，不能证明已形成抵押、保证合同关系（甚至其他合同关系）。该案经审委会讨论，在有关待决案件中，可以作为类案参考。

就该案而言，从法院判决的本院认为部分可以看出，银行的专业机构身份、法律规定抵押合同应采用书面形式、股东会决议的送达过程（或者说银行持有该股东会决议的原因）等事实，是影响该案最终认定抵押合同不成立的重要因素。提炼出来的裁判规则，在表述上已尽可能脱离特殊的案件事实。

第三节 其他类型的案例

在第四章探讨类案查询时，会考虑到多种渠道。其中，最高人民法院各庭室、巡回法庭的出版物，包括巡回法庭公众号定期发布的典型案例等，以及其他专门机构编辑的案例集，都是重要的来源，有必要专门进行讨论。

这其中，各庭室、巡回法庭编著的"法官会议纪要"，影响更广泛，尤值得注意。在编写体例上，如中国法制出版社出版的第一巡回法庭编著的《最高人民法院第一巡回法庭民商事主审法官会议纪要（第1卷）》采取的是：基本案情、法律问题、不同观点、法官会议意见、意见阐释几个部分。人民法院出版社出版的《最高人民法院第二巡回法庭法官会议纪要（第二辑）》采取的是：案情摘要、法律问题、不同观点、法官会议意见、意见阐释几个部分。虽然出版社不同，但编写体例上基本是一致的。

对于这类案例，可以把"法律问题"和"法官会议意见"结合起来，作为类似指导案例或公报案例的"裁判要点""裁判摘要"，进行类案参考。

这类案例主要有以下特点：

第一，来源于实际承办的案件，但"基本案情"是高度概括的，没有附裁判文书全文。

编写"基本案情"时，省略其他案件信息。撰稿人一般是案件承办人，其通过当事人各方的诉辩、证据材料，对全案有比较全面的掌握。其已经通过比较分析，过滤掉了其他案件事实。但是，其一，这些事实在其他裁判者看来，可能有不同的影响；其二，这可能影响查询者对案例正确、全面的理解。

第二，"法官会议意见"个案特征明显，在表述上与指导案例的裁判要点比较来看，不够严谨。其并不着重于提炼出可广为适用的裁判规则，更多是为解决具体案件。在参照时，需要注意其具体案情的影响。

对此，我们可以用以下两次法官会议来说明。

《最高人民法院民事审判第二庭法官会议纪要》登载了关于"普通债权人在第三人撤销之诉中的原告资格问题"，"最高人民法院民二庭第6次法官会议纪要"情况（会议时间2017年11月23日）[①]。其提炼的"法律问题"为：普通债权人能否提起第三人撤销之诉？"法官会议意见"为：为实现第三人撤销之诉的规范目的，有必要对《中华人民共和国民事诉讼法》第五十六条进行扩张解释，将普通债权人纳入第三人范畴。同时，考虑到第三人撤销之诉系事后特殊救济程序，为防止案外人滥用诉讼权利，

[①] 详见贺小荣主编：《最高人民法院第二巡回法庭法官会议纪要》，人民法院出版社2018年版，第104-117页。

影响生效裁判的稳定性和权威性，有必要对普通债权人作为原告提起诉讼设置严格的条件：即除符合法律、司法解释规定的起诉条件外，还需满足前诉确系虚假诉讼且无其他常规救济途径这两项条件，方可确认普通债权人享有原告资格。

通过这个法官会议纪要，其对普通债权人的原告资格的条件是明确的。当然，该次纪要的"意见阐释"部分，执笔人提到"我们目前不能断言在非虚假诉讼的情境之下，普通债权人一概不具有第三人撤销之诉的原告资格，这一问题的答案，根植于未来司法实践的不竭探索之中"。

《最高人民法院第二巡回法庭法官会议纪要（第二辑）》登载了"最高人民法院第二巡回法庭2020年第9次法官会议纪要"[①]。其"法律问题"为：一般债权人申请法院查封被执行人财产后，被执行人又以该被查封财产设立抵押，并通过民事调解书确认他人可以行使抵押权，该一般债权人对于被执行人与他人诉讼确认抵押权一案而言是否具有"法律上的利害关系"？"法官会议意见"是：尽管《中华人民共和国民事诉讼法》第五十六条规定的第三人原则上不包括一般债权人，但一般债权人申请法院查封被执行人财产后，根据原《中华人民共和国物权法》第一百八十四条第五项（《中华人民共和国民法典》第三百九十九条第五项）关于依法被查封、扣押、监管的财产属于禁止抵押的财产的规定，其对于被执行人与他人诉讼确认抵押权一案而言，具有物权法上的利害关系。

最高人民法院民二庭的法官会议纪要讨论的案件中，普通债权人以虚假诉讼为由提起第三人撤销之诉。"法官会议意见"确认了他的原告资格，但其进而提出"对普通债权人作为原告提起诉讼设置严格的条件：即除符合法律、司法解释规定的起诉条件外，还需满足前诉确系虚假诉讼且无其他常规救济途径这两项条件，方可确认普通债权人享有原告资格"，显然有失偏颇，不够严谨。

---

① 贺小荣主编：《最高人民法院第二巡回法庭法官会议纪要（第二辑）》，人民法院出版社2021年版，第54页。

此后召开的第二巡回法庭法官会议也讨论了一起第三人撤销之诉案件。该案中，普通债权人认为其已查封该财产，被执行人与他人通过民事调解书确认他人可以对该财产行使抵押权，故其对该调解案件提起第三人撤销之诉。法官会议也确认了其原告资格。显然，按照前述民二庭的法官会议意见，本案债权人不具备原告资格。法官会议为解决个案、法官会议意见不够严谨可见一斑。

第三，"意见阐释"部分，可以窥视裁判者的思路。这是其他类型案例无法比拟的。

受阅读习惯、时间等因素的限制，一般重点注意"法律问题"和"法官会议意见"两部分，进而得出相应结论，或作为知识点掌握。因此，基于前述特征，在具体办案援引参考这类案例时，尤其要注意：

第一，阅读裁判文书全文，了解更多的案件事实。

第二，对于"法官会议意见"的理解，特别要结合"意见阐释"部分。不轻易将"法官会议意见"作为裁判规则直接适用。

第三，要重视不同意见。对于很多案例的分析，在法律原则或规则的掌握、理解方面，各种观点基本是一致的，主要差别在具体案件事实的认定、掌握。

以下以一则案例为例"管理人未报告同意变更合同价款的效力"（最高人民法院第二巡回法庭 2019 年第 31 次法官会议纪要）。[①]

其提炼的"法律问题"为：管理人未向债权人委员会报告即与对方协商变更了合同中的价款约定，在不存在其他影响合同效力因素的情形下，变更行为是否因此而无效？

"法官会议意见"为：管理人变更合同价款，使己方减少收益 550 万元。属于对债权人利益有重大影响的财产处分行为，无论是否有正当理由，根据《中华人民共和国企业破产法》第六十九条第一款的规定，均应当及

---

① 贺小荣主编：《最高人民法院第二巡回法庭法官会议纪要（第二辑）》，人民法院出版社 2021 年版，第 154 页。

时报告债权人委员会，以便债权人委员会的监督，确保其勤勉尽责、依法履职。但及时报告仅是程序性规定，不是"提请批准"，债权人委员会也无决定是否批准之职责。根据《最高人民法院关于适用〈中华人民共和国企业破产法〉若干问题的规定（三）》第十五条的规定，管理人实施《中华人民共和国企业破产法》第六十九条规定的对债权人利益有重大影响的财产处分行为，应事先由债权人会议同意。因此，管理人未报告债权人委员会即变更合同，不是认定变更行为效力的要件，在不存在其他影响法律行为效力因素的情况下，变更行为应为有效。但管理人不依法履行报告程序，应依据《中华人民共和国企业破产法》第一百三十条规定承担相应的法律后果。

这则案例，提炼出来的法律问题是清晰的，法官会议意见也比较明确。如前所述，实践中可能将其二者结合起来，视为"裁判要点"的一种表现形式予以参考。据此容易得出结论：对于重大的财产处分行为，管理人未报告债权人委员会即变更合同减损己方利益的，变更有效，但可另行追究管理人责任。

但是，该案例的"意见阐释"部分对此有更进一步的阐述：2019年3月28日《最高人民法院关于适用〈中华人民共和国企业破产法〉若干问题的规定（三）》实施后，根据该解释第十五条的规定。管理人实施《中华人民共和国企业破产法》第六十九条规定的重大财产处分行为必须事先报债权人会议表决，即此类行为的决定权已经明确归属于债权人会议。因管理人重大财产处分行为应经债权人会议决议同意，并非管理人单独决定的职权事项，而此项对管理人职权的限制是司法解释明确规定的，并非债务人企业内部章程等所作限制，应视为任何第三人对此均知道或者应当知道、任何人均不得以不知法、不懂法为由主张免予承担法律责任。管理人未经债权人会议决议同意即实施前述财产处分行为，构成越权代表。如债权人会议事后予以追认，处分行为有效。如债权人会议不予追认，则涉及债权人利益保护与第三人利益保护乃至交易安全维护的冲突与协调问题。

我们认为。如管理人实施的越权行为是无对价的纯粹让利行为，如单方放弃权利，债权人会议不予追认，而管理人和相对人对于越权无偿转让财产损害债权人利益的行为均为明知或应知，应认定该处分行为无效，以优先保护债权人利益，而第三人也不会因此受到实际损害。如管理人实施的越权行为是有对价的交易行为，如转让房屋、土地使用权等，则应参照《中华人民共和国民法典》第一百七十一条、第五百零四条的越权代表规则，区分交易第三人善意与否进行处理。第三人善意与否的认定主要应看第三人是否对债权人会议决议进行了合理审查。如第三人在缔约时对债权人会议决议进行了合理审查，即应认定其尽到了必要注意义务，处分行为即为有效，处分行为的后果应由债务人承担；如第三人未对债权人会议决议进行合理审查即同管理人签订合同，则其主观上具有过错，交易安全保护应让位于债权人利益保护，因此管理人实施的财产处分行为对债务人不发生法律效力，应由管理人和交易第三人按照过错承担责任，分担由此造成的损失。

在"意见阐释"部分，其分析提出，"如管理人实施的越权行为是有对价的交易行为，如转让房屋、土地使用权等，则应参照《中华人民共和国民法典》第一百七十一条、第五百零四条的越权代表规则，区分交易第三人善意与否进行处理"。这部分内容在"法官会议意见"并未直接体现。该分析可以说是对"法官会议意见"的补充。比较两部分内容，如前所述提炼出的裁判规则，显然不够全面。

第三章　类案的参考价值顺序

《类案检索意见》第十一条规定，"检索到的类案存在法律适用不一致的，人民法院可以综合法院层级、裁判时间、是否经审判委员会讨论等因素，依照《最高人民法院关于建立法律适用分歧解决机制的实施办法》等规定，通过法律适用分歧解决机制予以解决"。该规定对类案参考价值因素进行罗列。

类案参考价值的一般顺序，具有一定约束力，实践中通常予以遵循。当然，指导案例优先是司法解释确定的，必须遵循。其他类型案件的顺序并不具有强制性。比如，最高人民法院一般的生效案例与本地区高级人民法院颁布的参考性案例孰先孰后，还需要具体分析，受多方面因素影响。类案参考价值的酌定因素则并无优劣之分，何种因素具有决定性，需要根据个案情况综合判断。

本章结合法律规定和实践情况，从一般顺序和酌定顺序讨论类案的参考价值，对于存在多则类案的情形下，这种比较排序尤其重要。此外，考虑到类案参考的简便性，本章还探讨对类案按照是否解决程序问题和法律适用问题进行分类。

第一节　类案的参考价值分类

结合待决案件所涉焦点问题，对检索的类案予以分类，可以对辨析类案参考价值提供概括性的指引。这种分类可以从两个角度来进行。

一、是否为程序性问题

一个角度，要看是否属于程序性问题。一类是程序性问题；另一类是直接处理当事人实体权利义务的问题。一般来说，程序性问题的类案参考价值较大。

程序性问题具有以下特点：问题本身容易准确提炼；对具体案情的依赖性较小；其对应的法律规范也相对明确具体。相关类案在裁判要点、处理结果上具有较强的参考价值、容易适用。

程序性问题是程序法有关条款、规则的理解运用，主要包括管辖、合并处理及共同诉讼、受理，执行问题等。其中的执行问题，虽然在执行实施过程有诸多具体情况，但就执行裁判类问题，还是容易提炼把握；而对执行复议、申诉监督目前还由最高人民法院本部统一处理。当然，这种分类是不精确的；而且即使是典型的程序性问题，也不能排除个案适用上的特殊性。

案例 18　鞍山市某经贸公司与长春某生物科技公司买卖合同纠纷执行案，（2018）最高法执监 840 号

最高人民法院认为：关于本案是否存在超标的查封问题。吉林省高级人民法院复议裁定认为，因该土地是一整块土地使用权，无法分割，且该土地尚未经过资产价值评估等，故长春中院裁定其不存在超标的额查封被执行人财产并无不当。但按照最高人民法院（2015）执复字第 47 号裁定，"判定执行案件是否存在超标的查封情形，应当先行查明案件执行标的数额，进而对是否构成超标的查封作出认定。对执行标的额未经审查就认定不存在超标的查封，或者在被执行人主张超标的查封后未及时对查封财产进行评估即认定不存在超标的查封，均属于认定事实不清"。因此，该事实也有待执行法院进一步查清。

这个案件是执行裁判案件，法院直接援引类案裁判理由作出裁判，这

体现了程序性类案的参考价值。

另一类是直接处理当事人实体权利义务的问题，其参考价值通常来自裁判理由，对其辨析较为具体。这在下文将涉及。

二、是否为法律适用问题

另一个角度，要看案件的焦点是事实方面的判断，还是法律规则的适用。一般来说，类案对事实判断的参考价值比较小。

2021年9月出台的《关于完善四级法院审级职能定位改革试点的实施办法》（以下简称《审级职能改革实施办法》）第十一条规定，"当事人对高级人民法院作出的已经发生法律效力的民事、行政判决、裁定，认为有错误的，应当向原审高级人民法院申请再审；符合下列情形之一的，可以向最高人民法院申请再审：（一）再审申请人对原判决、裁定认定的基本事实、主要证据和诉讼程序无异议，但认为适用法律有错误的；（二）原判决、裁定经高级人民法院审判委员会讨论决定的……"

此次再审制度改革，进一步凸显法律问题和事实问题区分的重要性。但是，正如该办法起草者指出的，"我国司法传统上，一般很少将事实认定问题和法律适用问题剥离考虑。实践中，法律适用问题常与事实认定问题依附交织，甚至互为因果，难以抽象出单纯的法律适用问题"[1]。

因此，这个区分角度也是不精确的。单纯的事实判断比较少，对事实的认定一般是证据规则的运用，和法律适用是交织在一起的。对法律问题的分析，体现在"本院认为部分"即裁判文书的判决理由中。实践中，相当多的关键性事实的认定，并不放在"本院查明部分"，而是结合对证据的综合评判，放在"本院认为部分"。如前所述，裁判理由的重要特征之一就是和事实紧密结合。

---

[1] 刘峥、何帆：《四级法院审级定位试点办法理解与适用》，转自微信公众号"法语峰言"，2021年10月13日。

案例 19 某技术公司与某房地产公司申请诉前财产保全损害责任纠纷案，（2019）最高法民再 252 号

最高人民法院再审查明的事实与原审法院查明的事实一致。

最高人民法院认为，本案系申请诉前财产保全损害责任纠纷案件。申请诉前财产保全损害责任是指当事人在起诉前因申请财产保全错误给对方当事人财产造成损失而产生的民事责任。根据《中华人民共和国民事诉讼法》第一百零八条"申请有错误的，申请人应当赔偿被申请人因保全所遭受的损失"以及《中华人民共和国侵权责任法》①第六条第一款"行为人因过错侵害他人民事权益，应当承担侵权责任"之规定，财产保全侵权属于一般侵权的范畴，一般侵权以过错原则为归责原则，财产保全侵权应当以过错为责任要件。即，申请人仅在有过错的情况下才承担赔偿责任。某房产公司请求权之基础是《中华人民共和国侵权责任法》有关一般侵权的规定，判断申请人"过错"的有无，应当对其行为是否存在故意或者过失进行考察。同时，过错与过错程度是不同的法律概念，原审判决认定"在申请人对财产保全错误存在故意或重大过失的情况下，应当认定属于申请有错误"将过错与过错程度相混淆，遗漏了"过错"概念中必然包含的"一般过失"情形，应当予以纠正。

在财产保全侵权损害赔偿案件中，判断保全申请人是否具有过错，应当根据保全申请人在起诉当时的条件下，其为保障诉求的实现做出的反应（申请财产保全）是否尽到了理性人的必要注意义务。本案原审判决认定某技术公司构成保全侵权的主要依据是某技术公司"反复变更增加诉讼请求"存在"限制某房产公司处分财产并给某房产公司造成不必要重大负担的主观意图"以及保全数额与生效判决最终支持的数额之间存在较大差距。因此，判断某技术公司申请保全的行为是否具有过错，不仅应当考虑人民法院的裁判结果与某技术公司诉讼请求之间存在的差额及其程度，还应当结合案件诉讼请求的提出基础与变化情况、保全请求提出的数额与变

---

① 本法已失效，下文中不再标注。

化情况、被保全人是否有机会和可能以保全财产的替换或另行担保而自我救济等方面进行综合考察。

比如在本案中的过错判断问题，一般来说是事实认定问题，但实际上交织了对法律规则的理解。正如申请人指出原审存在认定事实和适用法律错误两方面问题。其在"原审判决认定的基本事实缺乏证据证明"中提出，"某技术公司在诉讼过程中不存在恶意诉讼及诉前财产保全错误的事实"，又在"原审判决适用法律确有错误"中，提出"二审判决没有采纳任何证据就认定某技术公司在保全中存在主观恶意，客观归责。"最高人民法院再审时，查明事实与原审一致，但得出不具有过错的结论，这显然是基于对法律规则的不同理解。

2022年修订的《最高人民法院关于适用〈中华人民共和国民事诉讼法〉的解释》第三百八十八条规定，"有下列情形之一，导致判决、裁定结果错误的，应当认定为民事诉讼法第二百零七条第六项规定的原判决、裁定适用法律确有错误：（一）适用的法律与案件性质明显不符的；（二）确定民事责任明显违背当事人约定或者法律规定的；（三）适用已经失效或者尚未施行的法律的；（四）违反法律溯及力规定的；（五）违反法律适用规则的；（六）明显违背立法原意的"。《人民检察院民事诉讼监督规则》第七十八条规定：有下列情形之一，导致原判决、裁定结果错误的，应当认定为《中华人民共和国民事诉讼法》第二百条第六项规定的"适用法律确有错误"：（一）适用的法律与案件性质明显不符的；（二）确定民事责任明显违背当事人约定或者法律规定的；（三）适用已经失效或者尚未施行的法律的；（四）违反法律溯及力规定的；（五）违反法律适用规则的；（六）明显违背立法原意的；（七）适用法律错误的其他情形。

以上规定可以作为实践中判断是否为法律适用问题的依据。典型的法律适用问题包括以下方面：法律关系的效力状态（包括合同是否成立、生效、有效，以及是否解除、能否履行等）；违约责任的判断（包括应否承担违约责任、违约金调整,以及违约责任的限制条件是否成就,如减损规则的判断等);过错有无及大小;有关法律规则是否成立(如先履行抗辩权是否成就等)等。

1. 法律规则适用条件

这是比较常见的法律适用问题,一般是涉及对某一法律或司法解释条款适用前提、构成要件、立法本意、溯及力等方面的阐释。特别是在最高人民法院案例中,如涉及这方面问题的,参考价值较高。

案例 20 申诉人吕某因与被申诉人王某、一审第三人卜某福其他合同一案,(2019)最高法民再 37 号

吕某再审称,卜某福与王某之间的债务系夫妻一方对外担保之债,根据最高人民法院(2015)民一他字第 9 号复函之规定,夫妻一方对外担保之债不应当适用《最高人民法院关于适用〈中华人民共和国婚姻法〉若干问题的解释(二)》(以下简称《婚姻法解释二》)[①]第二十四条的规定认定为夫妻共同债务。二审判决改判卜某福以个人名义提供保证担保所产生的债务为夫妻共同债务,属于适用法律错误。同时,《最高人民法院关于审理涉及夫妻债务纠纷案件适用法律有关问题的解释》(以下简称《夫妻债务纠纷解释》)[②]也进一步明确了,夫妻一方在婚姻关系存续期间以个人名义超出家庭日常生活需要所负的债务,债权人以属于夫妻共同债务为由主张权利的,人民法院不予支持。综上,请求撤销二审法院(2013)深中法涉外终字第 80 号民事判决第二项;依法改判驳回王某的全部诉讼请求。

最高人民法院再审认为,本案争议焦点为:卜某福因(2010)中国贸仲沪裁字第 181 号裁决书应向王某承担的连带责任,是否应认定为吕某和卜某福的夫妻共同债务。

《婚姻法解释二》第二十四条规定,债权人就婚姻关系存续期间夫妻

[①] 本解释已失效,下文中不再标注。
[②] 本解释已失效,下文中不再标注。

一方以个人名义所负债务主张权利的,应当按夫妻共同债务处理。但夫妻一方能够证明债权人与债务人明确约定为个人债务,或者能够证明属于《婚姻法》第十九条第三款规定情形的除外。

《婚姻法》①第十九条第三款规定,夫妻对婚姻关系存续期间所得的财产约定归各自所有的,夫或妻一方对外所负的债务,第三人知道该约定的,以夫或妻一方所有的财产清偿。

首先,根据原审查明,卜某福与吕某于1992年结婚,2008年6月11日登记离婚,卜某福在《补充协议》上签字表明对协议履行承担连带责任是2006年10月18日,因此涉案债务系发生在卜某福与吕某的婚姻关系存续期间。虽然卜某福和吕某离婚时约定2000年12月4日之后双方各自名下的债权债务由各自享有和承担,但吕某并未举证证明王某知道该约定内容,本案不属于《婚姻法》第十九条第三款规定的情形。

其次,卜某福在《补充协议》上签字对协议履行承担连带责任的直接目的是给LEG公司增资并在美国上市,而卜某福既是LEG公司的法定代表人,又是LEI公司享有11.69%股份的股东和董事会主席、首席执行官,卜某福对LEI公司享有股东利益和高级管理人员利益,LEI公司的经营状况直接影响到卜某福的个人收益,与卜某福和吕某的婚姻关系存续期间夫妻共同财产有直接关系。卜某福对LEG公司和LEI公司具有很强的利益关联,其所负保证债务不属于(2015)民一他字第9号复函中的对外担保之债。吕某以(2015)民一他字第9号复函为据,主张本案不适用《婚姻法解释二》第二十四条规定,理据不足,本院不予支持。二审法院查明卜某福在LEI公司的股东身份和高管人员身份后,依据《婚姻法解释二》第二十四条规定,认定卜某福在(2010)中国贸仲沪裁字第181号裁决书中承担的连带责任为吕某、卜某福的夫妻共同债务,并无不当,本院予以维持。

最后,《夫妻债务纠纷解释》发布于2018年,原则不具有溯及力,对生效判决适用《夫妻债务纠纷解释》应当严格把握该解释关于"适用法律

---

① 本解释已失效,下文中不再标注。

错误、结果明显不公"的标准。本案二审判决作出时间为 2014 年。综合本案事实，吕某认为根据《夫妻债务纠纷解释》本案不应适用《婚姻法解释二》第二十四条，理据不足，其据此主张二审判决适用法律错误，本院不予支持。

这个案件的二审判决于 2014 年作出，当事人系通过申诉程序进入最高人民法院再审，这在近些年比较少见。最高人民法院再审后，经过审判委员会民事行政审判专业委员会议讨论决定维持原判。

这个案件涉及《夫妻债务纠纷解释》的溯及力问题。2018 年施行的《夫妻债务纠纷解释》第四条规定，"本解释自 2018 年 1 月 18 日起施行。本解释施行后，最高人民法院此前作出的相关司法解释与本解释相抵触的，以本解释为准"。其并未按照常见的司法解释模式，在最后一条规定适用于新受理的一审案件或正在审理的一二审案件。

《夫妻债务纠纷解释》第三条规定，"夫妻一方在婚姻关系存续期间以个人名义超出家庭日常生活需要所负的债务，债权人以属于夫妻共同债务为由主张权利的，人民法院不予支持，但债权人能够证明该债务用于夫妻共同生活、共同生产经营或者基于夫妻双方共同意思表示的除外"。《婚姻法解释二》第二十四条规定，"债权人就婚姻关系存续期间夫妻一方以个人名义所负债务主张权利的，应当按夫妻共同债务处理。但夫妻一方能够证明债权人与债务人明确约定为个人债务，或者能够证明属于婚姻法第十九条第三款规定情形的除外"。对比两个司法解释，在夫妻共同债务的举证责任上，是有区别的。因此，案件适用哪个司法解释就很关键。

而《夫妻债务纠纷解释》本身没有相应规定。但本案提到了该解释的溯及力问题：原则不具有溯及力，对生效判决适用《夫妻债务纠纷解释》应当严格把握该解释关于"适用法律错误、结果明显不公"的标准。因此，在溯及力问题上，本案可以作为类案参考适用。

2. 涉及效力性判断

有的案例在裁判理由中论述对某一法律条款的效力性方面的认识。如

"广厦某集团有限责任公司与福州市某房地产开发公司其他合同纠纷案"（2014）民一终字第155号中，在论述"关于中标通知书的效力问题"这一焦点问题时，最高人民法院提出，"《中华人民共和国建筑法》第七条、《中华人民共和国招标投标法》第九条关于建筑工程开工前建设单位应当申请领取施工许可证、招标项目应当先履行审批手续等规定，属于管理性的强制性规定，而并非对招投标行为及中标合同的效力性强制性规定"。

3. 涉及法律条款冲突

还有一种常见的情形是涉及不同法律或司法解释条款之间的冲突、适用范围等问题。这类案例一般观点明确、易于参考。

比如"广西某集团有限公司与王某祥、一审第三人房地产开发有限公司案外人执行异议之诉案"（［2018］最高法民再443号），最高人民法院已指出，"从法律逻辑上看，房屋买受人若要排除普通债权的执行，既可以选择适用《执行异议和复议规定》第二十八条，也可以选择适用第二十九条，但房屋买受人若要排除建设工程价款优先受偿权、担保物权等权利的强制执行，则必须符合《执行异议和复议规定》第二十九条的规定"。

4. 论述裁判规则

针对法律、司法解释规定不明确的或者未涉及的问题，阐述具有普遍性的司法裁判规则。这种情况在实践中比较重要。这类案例的参考价值，主要受制于裁判者的权威性。

如前述"黄某兴与双某公司等案外人执行异议之诉纠纷案"（［2019］最高法民终1946号），最高人民法院就明确阐述了"股权被依法查封后，受让人提出执行异议之诉成立的要件"。

案例21 赵某胜与本溪某物业管理有限公司抵押权纠纷案，（2020）最高法民再110号

最高人民法院认为：抵押权是担保物权的一种。根据我国担保物权法律制度和规范，担保物权人在债务人不履行到期债务或者发生当事人约定

的实现担保物权的情形，担保物权人即可依法行使担保物权。担保物权人行使担保物权的方式和途径是：担保物权人既可以先行向人民法院提起申请实现担保物权的特别程序，如该申请被人民法院裁定驳回，担保物权人可依法向人民法院提起担保物权的普通诉讼程序；也可以直接向人民法院提起担保物权的普通诉讼程序。在担保物权人以提起普通诉讼程序的方式行使担保物权时，既可以在主债权诉讼中一并提出，也可以在法定期间内单独以担保人为被告提起诉讼。在担保物权人初始提起申请实现担保物权特别程序而被人民法院裁定驳回的情况下，虽然目前法律和司法解释并未明确规定担保物权人应当在多长期限内提起普通诉讼程序，但因上述特别程序与普通程序具有法定程序的接续性，只要担保物权人后续并未明显不合理地迟延向人民法院提起诉讼，则其初始提起申请实现担保物权特别程序的时间，就应当认定为行使担保物权的时间，而不能简单地以后续提起担保物权诉讼的时间作为担保物权人行使担保物权的时间。

本案中，无论抵押权人赵某胜是初始提起申请实现抵押权特别程序还是后续提起抵押权诉讼普通程序，均属于物权法第二百零二条规定的行使抵押权行为，只要其初始行使抵押权行为发生在抵押权的行使期间内，人民法院就不能在后续抵押权诉讼中再简单以行使抵押权超过法定期间为由而不予支持。

在这个再审案件中，最高人民法院就详细阐述了认定行使抵押权是否超过法定期间的裁判规则。最高人民法院明确，提起申请实现抵押权特别程序抑或提起抵押权诉讼普通程序，均属于法律规定的行使抵押权行为，只要其初始行使抵押权行为发生在抵押权的行使期间内，人民法院就不能在后续抵押权诉讼中再简单以行使抵押权超过法定期间为由而不予支持。这种由一般到具体的论理方式，实践中并不多见。

第二节　一般参考顺序

《类案检索意见》第四条规定，"类案检索范围一般包括：（一）最高人民法院发布的指导性案例；（二）最高人民法院发布的典型案例及裁判生效的案件；（三）本省（自治区、直辖市）高级人民法院发布的参考性案例及裁判生效的案件；（四）上一级人民法院及本院裁判生效的案件。除指导性案例以外，优先检索近三年的案例或者案件；已经在前一顺位中检索到类案的，可以不再进行检索"。其虽然规定的是"检索范围"，但明确提出"前一顺位"，实际上列明了相关案例的参考顺序。

一、指导案例

2010 年最高人民法院《关于案例指导工作的规定》（法发〔2010〕51号）正式确立了指导案例制度，第七条规定，"最高人民法院发布的指导性案例，各级人民法院审判类似案例时应当参照"。

检索到的类案为指导性案例的，人民法院应当参照作出裁判，但与新的法律、行政法规、司法解释相冲突或者为新的指导性案例所取代的除外。

截至 2023 年 2 月 9 日，最高人民法院已经公布各类指导案例 211 个。其中明确被废止不再参照的有 2 则[①]。

二、最高人民法院认可的典型案例

前述"最高人民法院发布的典型案例及裁判生效的案件"，可以概括为最高人民法院认可的典型案例。从目前的情况看，主要是最高人民法院作出的，也有部分地方法院作出的。具体包括以下情形：

1. 最高人民法院公报案例。属于定期发布的典型案例，参考价值

[①] 《最高人民法院关于部分指导性案例不再参照的通知》（法〔2020〕343 号）规定，"9 号、20 号指导性案例不再参照"。

较大。

2. 最高人民法院通过新闻发布会形式公布的典型案例。最高人民法院一般针对某类问题集中发布相关案例。

3. 最高人民法院有关刊物上登载的典型案例。比如其机关刊物《人民司法》登载的案例、各庭室刊物登载的案例等。

4. 最高人民法院各庭室、巡回法庭编撰的案例集。尤其是近期来，各巡回法庭出版了相关的案例书籍。此外，巡回法庭也通过公众号发布典型案例。

5. 最高人民法院作出的其他类生效判决。对于这些案例，要结合是否经过审委会全体会议、专业会议讨论等情况综合考虑。

6. 最高人民法院参与评选的年度案件等。

其中，最高人民法院公报案例、最高人民法院通过新闻发布会等形式公布的典型案件，具有相当的权威性。其他案件具有较强的参考价值。

三、最高人民法院发布的参考案例

《最高人民法院关于完善统一法律适用标准工作机制的意见》（法发〔2020〕35号）第八条强调，"各高级人民法院可以通过发布办案指导文件和参考性案例等方式总结审判经验、统一裁判标准"。这类案例在本辖区法院具有很强的指导作用，实践中往往会成为法官审理案件的重要参考。

对于各高级人民法院的参考性案例，特别要注意其与非指导性案例的最高人民法院其他案例之间的冲突。主要是考虑：其一，查询其是否被改判；其二，是否与最高人民法院其他案例存在不一致。

比如"安某公司案"，2012年9月14日，最高人民法院经审委会讨论作出（2011）执监字第180号裁定，认为不予执行公证债权文书的申请不能成立，"撤销北京市高级人民法院（2011）高执复字第107号执行裁定"。

北京市高级人民法院认为，"（2009）京中信内经证字11928号公证书及（2010）京中信执字00049号执行证书确有错误，应当不予执行"，并将该复议案作出参考性案例登载[①]。值得注意的是，最高人民法院裁定作出时间是2012年9月14日，北京审判信息网显示的该案作为北京市高级人民法院参阅案例的公布时间为2013年12月26日。

四、上级法院及本院的生效案例

基于审级制度、法官会议制度、审委会制度等因素影响，上级法院的生效案例及本院作出的生效案例，具有重要的参考价值。这事实上体现了类案参考具有一定的地域性特征。这类案例，审理法官相较于当事人或代理人，更容易掌握。在使用这类案例时，特别需要注意，其是否被改判。

实践中，也有向上级法院提出下级法院类案的情形。这种情况一般不是要求上级法院参考作为裁判，而是提示上级法院，下级法院对该类案件存在"类案不类判"的情形。这也是有一定实际意义的。

第三节 酌定参考因素

《最高人民法院关于完善统一法律适用标准工作机制的意见》（法发〔2020〕35号）第十九条规定，"规范类案检索结果运用。法官在类案检索时，检索到的类案为指导性案例的，应当参照作出裁判，但与新的法律、行政法规、司法解释相冲突或者为新的指导性案例所取代的除外；检索到其他类案的，可以作为裁判的参考；检索到的类案存在法律适用标准不统一的，可以综合法院层级、裁判时间、是否经审判委员会讨论决定等因素，依照法律适用分歧解决机制予以解决。各级人民法院应当定期归纳整理类案检索情况，通过一定形式在本院或者辖区内法院公开，供法官办案参考。"该规定也提出了确定类案参考价值的综合考虑因素。但还不够具体。

[①] 见北京审判信息网，《不予执行公证债权文书案件的审查标准》，https://www.bjcourt.gov.cn/article/newsDetail.htm？NId=25000104&channel=100015006，访问日期2022年3月16日。

最高人民法院发布的指导案例、典型案例，以及各高级人民法院的参考性案例，总体上数量还是较少，涉及面也不够广，远不能满足实践需要。对于大部分案例，还要考察别的因素。

一、典型性的其他因素

前述一般顺序依据《类案检索意见》，基本按照权威性排列，是法院裁判时通常的检索顺序，也是参考价值的顺位。除此之外，还可以从其他方面考察案例是否具有典型性、权威性。如：是否被评为年度案件；是否被权威媒体报道；是否被相关法院通过网站、微信、微博客户端公开；是否被《人民法院案例选》等案例汇编类书籍登载；合议庭人员的职务和权威性等。

具备前述条件的，往往被前述"一般顺序"吸收。当然，这些因素都是酌定情节，法院不一定会对其参考价值直接回应。

案例 22 王某忠因与某电动汽车公司、某电子科技公司第三人撤销之诉案，（2017）最高法民申 104 号

本案中，申请人称：股东作为第三人诉讼有最高人民法院下发判例为依据。最高人民法院《人民法院案例选》2013 年第 4 辑刊登了"某讯通物流公司诉某汽车修理公司房屋租赁合同纠纷"一案。该案将股东追加为第三人参加诉讼，并认定某汽车修理公司法人代表为将公司资产迅速转移至某通讯物流公司，携其姐进行"手拉手"虚假诉讼，侵害了股东权益，判决认定为虚假诉讼。王某忠所面对的情形与该案相同，王某忠以第三人身份提起第三人撤销之诉，既有法律规定，也有指导案例参考。

2017 年 3 月，最高人民法院裁定驳回再审申请，认为：某电子科技公司是有限公司，具有独立人格，对外以公司名义独立从事生产经营行为，盈亏由公司独立承担。股东的责任仅限于自己的出资以内。股东因其出资取得股东权利，这种股东权利包括从公司获取经济收益的权利及参与公司管理的权利。但不是以股东名义直接决定或否定公司对外经营行为的权利。

某电子科技公司与某电动汽车公司借款行为属于公司对外经营行为，该行为产生的民事法律后果由公司独立承担，与作为公司股东的王某忠无关，也就是说原审案件处理结果同王某忠没有法律上的利害关系。故王某忠不是某电动汽车公司与某电子科技公司借款合同纠纷争议诉讼标的的第三人，无权以第三人身份就法院基于某电子科技公司对外经营行为作出的判决提起第三人撤销之诉。王某忠如认为李某作为控股股东滥用股东权利，给公司或其他股东造成损失，可以提起公司诉讼。而不能通过提起第三人撤销之诉解决。

2021年颁布的第148号指导案例裁判要点为："公司股东对公司法人与他人之间的民事诉讼生效裁判不具有直接的利益关系，不符合民事诉讼法第五十六条规定的第三人条件，其以股东身份提起第三人撤销之诉的，人民法院不予受理。"

仅从类案的参考价值顺序来看。申请人提出了《人民法院案例选》2013年第4辑刊登的"某讯通物流公司诉某汽车修理公司房屋租赁合同纠纷"一案。从时间性看，其不是新近作出的案例。该案例系上海地方法院作出，并未由最高人民法院作为指导案例、公报案例、典型案例发布等方式予以确认。此间，最高人民法院作出了多起生效裁判，认为股东不具有第三人撤销之诉的原告资格。比如，2016年8月，就"某国际企业有限公司与余某、海门市某热电有限公司第三人撤销之诉纠纷案"最高人民法院作出（2016）最高法民申1044号裁定，认为"本案中，原案的诉讼标的是余某和海门市某公司之间的民间借贷法律关系。某公司虽然是海门某公司的全资股东，但其对原案的诉讼标的无独立请求权，原案的处理结果亦不会导致其承担法律义务或责任，故其与原案的处理结果并无法律上的利害关系，其亦非原案的无独立请求权的第三人。因此，某公司无权提起本案第三人撤销之诉，原裁定驳回其起诉并无不当，某公司申请再审理由不能成立"。

此外，检索"某讯通物流公司诉某汽车修理公司房屋租赁合同纠纷"

一案文书,"该案将股东追加为第三人参加诉讼"是股东向检察院提出申诉,检察院抗诉启动再审程序,在再审程序中追加股东为第三人。这显然不是股东直接提出起诉的情形。援引案例与待决案件案情有重大不同。针对申请人提出的类案,最高人民法院裁定并没有直接评判。

二、改判优于维持

当出现对同一或类似法律问题有不同认识时,改判案件相对于维持原审的案件,更有价值。此外,一般情况下,同一法院作出的案例,如果是改判案件,则改判情况更具有参考价值。实际来看,改判通常需要经过法官会议等途径,改判的理由往往更加严谨充分,更能代表本级法院的裁判尺度。

在后文概括分析裁判理由时,也将提及,裁判理由是否被用于改变结果、是否具有决定性,是重要的考察方面。

案例 23 北京鼎某泰富投资管理有限公司与邢某荣等合伙企业财产份额转让纠纷案,(2020)最高法民终 904 号

最高人民法院认为,关于合伙人之间合伙财产份额转让特约的效力问题。

在《中华人民共和国合伙企业法》关于有限合伙企业的法律规定中,并无合伙人之间转让合伙企业财产份额的规定。《中华人民共和国合伙企业法》第六十条规定:"有限合伙企业及其合伙人适用本章规定;本章未作规定的,适用本法第二章第一节至第五节关于普通合伙企业及其合伙人的规定。"第二十二条第二款对普通合伙中合伙人之间财产份额转让作出规定:"合伙人之间转让在合伙企业中的全部或者部分财产份额时,应当通知其他合伙人。"但是,该条款并未规定合伙协议对合伙人之间转让财产份额进行特别约定的效力。即使是《中华人民共和国民法典》也未涉及合伙人之间财产份额转让特约的效力问题,而在本案当事人之间转让合伙财产份额有特别约定的情况下,首先需要对该合伙财产份额转让特约的效

力进行认定。对此，需要结合合伙经营方式或合伙组织体的性质及立法精神加以判断。

合伙是两个以上合伙人为了共同的事业，以订立共享利益、共担风险协议为基础而设立的经营方式或组织体。合伙人之间的合作建立在对彼此人身高度信赖的基础之上，故合伙事业具有高度的人合性。比如，合伙人的债权人不得代位行使合伙人的权利；合伙人死亡、丧失民事行为能力或者终止的，合伙合同终止，而非合伙人的资格或财产份额可以继承。由于合伙事业高度强调人合性，故应尊重合伙人之间的意思自治。因此，就合伙人之间的财产份额转让而言，如果合伙协议有特别约定，在该约定不违反法律、行政法规的强制性规定，也不违背公序良俗的情况下，则应认定其合法有效，合伙人应严格遵守。

在这个案件中，最高人民法院认为就合伙人之间的财产份额转让而言，如果合伙协议有特别约定，在该约定不违反法律、行政法规的强制性规定，也不违背公序良俗的情况下，则应认定其合法有效，合伙人应严格遵守。据此，案涉《合伙协议》中有关合伙人之间财产份额转让特别约定有效。在案涉《合伙协议》已经明确约定合伙人之间转让合伙财产份额需经全体合伙人一致同意的情况下，该《转让协议书》欲生效，尚需要满足全体合伙人一致同意的条件。因此，《转让协议书》未生效，当事人起诉继续履行应当驳回。最高人民法院二审判决撤销一审、驳回诉讼请求。

合伙协议对合伙人之间转让财产份额进行特别约定的效力，《中华人民共和国合伙企业法》和《中华人民共和国民法典》均未涉及，最高人民法院在本案中认可该特约的效力，并据此改判。显然，这个案件对于前述问题的裁判理由及处理结果，对于类案有很强的参考价值。

三、判决优于裁定

是否受理、管辖异议、执行异议等事项以裁定方式处理。对于实体类问题的类案，往往要在判决与裁定之间权衡。同级法院作出的再审判决，参考价值一般比其作出的再审裁定强。就同法律问题，驳回再审申请的再审裁定，虽然由上级法院作出，但参考价值不一定高于下级法院的二审判决。上级法院作出的发回重审的裁定，往往也涉及法律问题的分析，但通常不会得出确定的结论，而是指出存疑或许需要进一步审理查明。

对此，下面对于夫妻二人为股东公司是否为一人有限公司的两个案例可以作为例证。

案例24 新某龙打井中心贾某执行异议之诉案，（2020）最高法民申6688号

在本案中，最高人民法院认为：本案是由新某龙打井中心依据《变更追加当事人规定》第二十条、第二十二条之规定申请追加鸿某空调公司股东贾某、梁某琳为执行案件的被执行人。首先，依据《中华人民共和国公司法》（以下简称《公司法》）第五十七条第二款之规定，一人有限责任公司是指只有一个自然人股东或者一个法人股东的有限责任公司。本案中，鸿某空调公司作为有限责任公司，即使如新某龙打井中心所述是由股东贾某、梁某琳以夫妻共同财产出资设立，将其定性为"一人有限责任公司"，仍缺乏法律依据。对此，原审认定新某龙打井中心的主张不符合《变更追加当事人规定》第二十条的情形，并无不当。

其次，关于本案是否满足《变更追加当事人规定》第二十二条规定的问题。新某龙打井中心主张其非自愿放弃《变更追加当事人规定》第二十二条为上诉依据，依据不充分。关于鸿某空调公司是否处于歇业状态，新某龙打井中心提交的光盘及照片系单方制作，证明力有限；济南中院公告送达的报纸亦无法直接证明鸿某空调公司公告送达时处于歇业状态。至于新某龙打井中心提交的执行笔录，被调查人贾某也没有准确说明该公司目前已停止经营，只是表明公司目前运营困难，且贾某自己也表明其未参与过鸿某空调公司经营管理。故新某龙打井中心提交的新证据尚不足以支持其主张，也不能推翻原审判决认定的事实。至于新某龙打井中心声称原审审判人员枉法裁判，并无事实依据。

案例 25 熊某平、沈某霞申请执行人执行异议之诉案，(2019) 最高法民再 372 号

在本案中最高人民法院认为：关于青某瑞公司是否属于一人有限责任公司的问题。《公司法》第五十七条第二款规定："本法所称一人有限责任公司，是指只有一个自然人股东或者一个法人股东的有限责任公司。"本案中，青某瑞公司虽系熊某平、沈某霞两人出资成立，但熊某平、沈某霞为夫妻，青某瑞公司设立于双方婚姻存续期间，且青某瑞公司工商登记备案资料中没有熊某平、沈某霞财产分割的书面证明或协议，熊某平、沈某霞亦未补充提交。《婚姻法》规定，除该法第十八条规定的财产及第十九条规定的约定财产制外，夫妻在婚姻存续期间所得财产归夫妻共同共有。据此可以认定，青某瑞公司的注册资本来源于熊某平、沈某霞的夫妻共同财产，青某瑞公司的全部股权属于熊某平、沈某霞婚后取得的财产，应归双方共同共有。青某瑞公司的全部股权实质来源于同一财产权，并为一个所有权共同享有和支配，该股权主体具有利益的一致性和实质的单一性。另外，一人有限责任公司区别于普通有限责任公司的特别规定在于《公司法》第六十三条，该条规定："一人有限责任公司的股东不能证明公司财产独立于股东自己的财产的，应当对公司债务承担连带责任。"即一人有限责任公司的法人人格否认适用举证责任倒置规则。之所以如此规定，原因系一人有限责任公司只有一个股东，缺乏社团性和相应的公司机关，没有分权制衡的内部治理结构，缺乏内部监督。股东既是所有者，又是管理者，个人财产和公司财产极易混同，极易损害公司债权人利益。故通过举证责任倒置，强化一人有限责任公司的财产独立性，从而加强对债权人的保护。本案青某瑞公司由熊某平、沈某霞夫妻二人在婚姻关系存续期间设立，公司资产归熊某平、沈某霞共同共有，双方利益具有高度一致性，亦难以形成有效的内部监督。熊某平、沈某霞均实际参与公司的管理经营，夫妻其他共同财产与青某瑞公司财产亦容易混同，从而损害债权人利益。在此情况下，应参照《公司法》第六十三条规定，将公司财产独立于股东

自身财产的举证责任分配给股东熊某平、沈某霞。综上，青某瑞公司与一人有限责任公司在主体构成和规范适用上具有高度相似性，二审法院认定青某瑞公司系实质意义上的一人有限责任公司并无不当。

上述两个最高人民法院案例，都是近期作出的。在"鸿某空调公司案"中，最高人民法院认为，即使鸿某空调公司是由股东贾某、梁某琳以夫妻共同财产出资设立，将其定性为"一人有限责任公司"，仍缺乏法律依据。并未进一步详细地分析，裁定驳回再审申请。

在"青某瑞公司案"中，青某瑞公司也是夫妻二人出资设立。按照"鸿某空调公司案"的裁判理由，得出的结论应当也是认定其为"一人有限责任公司，仍缺乏法律依据"。但是，最高人民法院在该案中详细分析，认为青某瑞公司与一人有限责任公司在主体构成和规范适用上具有高度相似性，系实质的一人有限责任公司。最高人民法院判决维持原判。

仅就裁定和判决而言，"青某瑞公司案"更具有参考性。因其系判决方式结案，对相关问题进行了详细论述，也便于参考时予以理解。

四、案例的时间性

从生效时间看，近三年的案例，参考性更强。对于超过三年以上的案例，法律规则或司法理念等方面变动影响较大。2021年11月颁布的《关于进一步完善"四类案件"监督管理工作机制的指导意见》（以下简称《四类案件监督意见》）第五条规定，"与本院或者上级人民法院的类案裁判可能发生冲突的"属于四类案件。这类案件包括：与本院或者上级人民法院近三年类案生效裁判可能发生冲突的；与本院正在审理的类案裁判结果可能发生冲突，有必要统一法律适用的；本院近三年类案生效裁判存在重大法律适用分歧，截至案件审理时仍未解决的。

《类案检索意见》第四条第二款规定，"除指导性案例以外，优先检索近三年的案例或者案件"。这一规定属于倡导性的规定，根据具体情况也可以检索三年之前的案例。

五、案例的归口性

"归口性"主要包括业务归口和辖区归口。其之所以重要，主要原因还是在于法院的审判监督的具体运行情况，考虑监督的直接性。

根据待决案件的纠纷类型，援引案例是上级或同级法院专门负责该类纠纷的业务庭室作出的，比其他庭室作出的更有参考性。比如待决案件的争议焦点涉及继承，援引案例是关于股权纠纷的商事案例，但其中涉及了相关法理的阐述。这种参考性就较弱。现在的业务分类比较界限比较模糊，交叉融合性更强，但注意业务归口性仍有意义。

辖区归口性主要针对最高人民法院作出的一般的生效案例而言。对于一般的最高人民法院判例，对应巡回区法庭作出的判例优先考虑。如"第二巡回法庭"微信公众号推出"每周一案"栏目，其"编者按"就称"自2020年6月起，增设'每周一案'专栏，挑选本庭审结的典型案例，梳理裁判要旨，既为巡回区地方法院提供裁判指引，也为法律从业人员和社会公众提供实务参考"。

前述一般顺序、酌定因素，是自查类案参考价值的依据，也是初步识别不利类案的重要着手点。

第四章 如何查询类案

类案的参考、识别以类案的查询为基础，对类案的识别反过来精准指导类案的查询。如果没有对类案的准确识别，类案的查询工作往往不够全面。

本章简要介绍几种实践中常用的案例查询方法。这些方法应根据具体情况综合运用。

第一节 基本方法

《类案检索意见》第五条规定，"类案检索可以采用关键词检索、法条关联案件检索、案例关联检索等方法"。2020年南京中院《关于引导律师进行类案检索的操作指引（试行）》第三条提出，"律师可以依托中国裁判文书网、审判案例数据库等平台，采用关键词检索、法条关联案件检索、案例关联检索等方法进行类案检索，并对检索的真实性、准确性负责"。

类案的查询，需要一定的经验，对法律熟悉并能做到理解，同时应对待决案件有相当了解。类案查询一般通过检索平台实现。但是，有些有参考价值的案例，往往需要通过各类期刊文献查询。检索平台的运用是比较简单的技术工作，其关键在于运用多种方法或角度，实现类案查询的广度、关联度。

类案查询检索应综合运用多种方法，主要有八种。其中概括性检索是辅助手段；案情关键词检索、法律适用争点检索和诉讼请求检索是基本方法；法条扩展检索是对法律适用争点检索的有力补充，深化对相关法律问题的了解；承办人相关案例检索、案件关联检索，是进一步收集影响本案裁判的因素；不利类案检索是类案查询全面性必不可少的环节。

一、概括性检索

对于不熟悉的类型案件，或者需要了解所涉纠纷司法或理论研究现状，或者对案情及焦点尚不能准确提炼的情形下，需要进行概括性检索。

概括性检索可以通过粗略提炼案件、法律适用方面的关键词，以一般的搜索平台查阅相关文章、案例等。这样可以大概了解代理处理案件容易产生的争议点、所涉交易模式等，有利于进一步更加准确地检索。概括性检索是类案检索的辅助手段。

这一步不一定在每一个案件中都需要，但极其关键。它可以反过来再指导进行案件的检索。比如误划款项的例子，通过相关检索，可以发现对于资金问题，理论上有"占有即所有"的概念。这时候可以"占有即所有"为关键词进一步延伸检索相关案例。

第170号指导案例"饶某礼诉某物资供应站等房屋租赁合同纠纷案"，其关键词包括：民事、房屋租赁合同、合同效力、行政规章、公序良俗、危房。该案关键词的提炼方法，可以借鉴。

二、案情关键词检索

对案件基本事实方面进行提炼，形成关键词进行检索。这是最基本的方法之一。比如对于误划款项至他人账户，该账户被法院冻结，能否排除执行要回款项。可以"误划/误转+冻结+执行/排除/阻却"进行检索。因为实践中，有的称之为排除执行，也有称之为阻却执行，这种情况要注意关键词的拆分，尽量不要遗漏。

三、法律适用争点检索

提炼法律适用的争议点，形成关键词进行检索。通过基本事实的查询，具备相当数量的案例基础，然后通过法律适用争议点方面的相似性，进一步查询。

整理待决案件的法律适用争点，主要通过构成要件分析和诉辩情况进行整理，通过法庭调查询问进行总结等基本方法。

1. 构成要件分析法

对权利请求依据的实体法律规范进行分析，是得出正确诉由最主要的方法。如主张对方承担侵权责任，则需要论证符合相应侵权责任的全部要件，而对方仅需要论证其中一个条件不成立则可能不用承担责任。

按照构成要件，对照具体案情，再结合类似的司法实践，一般可以判断争点，或者说在哪些问题上将引起争议。

2. 体系分析法

体系分析法在合同纠纷中尤其是对被告方非常有用处。如原告起诉要求继续履行合同，作为被告而言，则可以从合同不成立、未生效、无效以及合同客观不宜继续履行等角度分层次阐述理由。

我们可以笼统地把这个体系分析法分成三个部分：一是主张的前提是否具备，如主张履行合同，则双方是否有合同、合同是否成立有效；二是构成要件是否具备，如主张违约，则是否有违约行为等；三是免责条件是否具备。从时间的角度，即是要看诉求依据之事实成就的情形，也要看发生前及发生后的情形。

3. 根据诉辩情况总结焦点

各方主张不一致的地方一般就是焦点所在。这是很实用的方法。通常可以通过起诉状、上诉状以及答辩状进行分析，有时也需要通过当庭的发言进行总结。

4. 依据法庭调查和询问总结焦点

在多数案件中，庭审程序都是按部就班，法官的话多数是引导诉讼进行。对于法官的问题需要特别注意，其表明法庭的关注点，这个问题有可能是认定事实或者适用法律的关键点。

在确定争点后,可以更准确地检索相关案例。比如对于后手买房人能否对抗执行,也可以查询后手的股权受让人能否阻却执行的相关案例。从中分析裁判的精神。如前所述,裁判要点的精神也存在扩张适用的情形。

四、诉讼请求检索

围绕具体诉讼请求,从正反两个方面,进一步收集、研究相关案例。这需要形成关键词,有时候是模糊的字段查询。

法律适用争点检索,侧重在法律适用方面。案件关键词检索,侧重在案件事实。

诉讼请求检索,侧重在当事人诉辩部分,对起诉、上诉和答辩部分,提炼关键词。

三种方法互为补充。《类案检索意见》所指的关键词检索,可能包括了这三方面。

比如前述误划款项的例子,通过检索查询可以发现,支持执行的主要理由是,误划后构成不当得利,属于一般债权,不能排斥执行;反对执行的主要理由是,划款不具有给付的意图,不属于能够设立、变更、终止民事权利和民事义务的民事法律行为。

五、法条扩展检索

对于涉及重要法条、法律规则甚至原则的适用情况,予以延伸检索。比如对于合同是否无效的案件,检索中可以发现诚信原则对于效力认定的指导作用,此时,可以"诚信原则+效力"进一步检索。

对于已经有判决的案件,在处理后续程序中,对于原审援引的法条,检索相关案例。有的案例检索平台,这一步很方便实现。通过检索该法条相关的案例,更加全面地掌握法条的适用情况。

六、承办人相关案例检索

此外，在查询中要注意具体承办法官主审、参审案件的查询。注意从中考虑其对类似案件、相关问题的审查角度、方法等。

七、案件关联检索

这一步对于正确、全面分析类案有重要意义。包括以下方面：

其一，对于二审案件，要关联检索再审情况。检察院监督阶段的文书或相关情况，目前还难以有效检索。

其二，也要检索是否存在系列纠纷、串案的情况。

其三，案件相关的媒体报道、舆情检索。收集相关的背景信息，对于理解裁判有重要意义。

八、不利类案检索

很多时候，对于争议的问题，存在不同认识的类案。尤其是在对争议焦点的提炼、对类案的分析不够全面、掌握材料不够丰富的情形下，就会觉得类案不同判的情况大量存在。因此，在检索案例时，查询持不利观点的案例特别重要。

以上步骤有时候会交替、反复进行，最终是要找到最贴近本案的类案，同时不要遗漏对己方诉求不利的类案，而且要检索影响类案参考适用的相关因素。

类案查询是进行类案参考识别的基础，类案参考识别是类案查询的目的，也会反过来指导更准确、全面的类案查询。本书在类案识别部分及其他章节援引案例，也考虑到了前述查询方法的运用。

第二节 查询途径

案例的查询途径是依托中国裁判文书网为主的网络平台，同时也要注意出版物类渠道。本节主要是概括介绍各种查询途径。

一、法院查询平台

《类案检索意见》第三条规定，"承办法官依托中国裁判文书网、审判案例数据库等进行类案检索，并对检索的真实性、准确性负责"。

中国裁判文书网、法信一般是面向社会的主要查询平台。中国裁判文书网于2013年7月1日正式开通。历经多次改版，目前查询速度得到极大提升。

"法信"全称为"法信——中国法律应用数字网络服务平台"，囊括"案例要旨、法律观点、法律图书、法律文件、司法裁判、法律期刊"等资源库，而且采用"同案智能推送"技术，为办案提供"一站式"参考。

各地方法院网站也对本辖区案例进行公布，如"北京审判信息网"的"裁判文书"栏目。这也是重要的查询平台。

法院通过新闻发布会形式公布的典型案例，是重要的类案来源。这类案例具有典型性，代表了法院的裁判尺度。

法院公众号等平台发布的典型案例，也是值得重视的查询渠道。如"第二巡回法庭"微信公众号"每周一案"栏目发布的案例。

此外，值得一提的是，《最高人民法院统一法律适用工作实施办法》提到建立最高人民法院统一法律适用平台及其数据库。"为解决现有类案检索平台提供的检索结果缺少直观的裁判规则、结果庞杂、匹配不精确，检索效率和效果均不理想等问题，最高人民法院还将适时组织相关审判业务部门对所作出的生效裁判进行系统梳理，提炼编纂裁判规则，将发布的指导性案例，各审判业务部门的二审案件、再审案件、请示案件、执行复议监督案件，经专业法官会议、赔偿委员会、司法救助委员会、审判委员会讨论的案件及其他具有普遍指导意义的典型案件等均纳入数据库，以方便法官全面掌握和运用最高人民法院的司法案例。"①

二、商业查询平台

除了前述官方平台外，商业机构举办的商业平台在实务中应用也很广泛。其中比较常用的有北大法宝、无讼、威科先行等。

"北大法宝"法律数据库，其开发的网络和光盘产品，涵盖法律法规、司法案例、法学期刊、律所实务、英文译本、专题参考、视频库、司考库八大部分内容。"司法案例"是其子库之一。

"无讼"也是律师群体中较常用的平台之一。相比较而言，其开发了更多律师工作方面常用到的功能。

三、出版物

除了网络平台外，传统的纸质出版物可以作为重要的补充。大部分刊物在互联网平台（如法信）也能订阅。这类刊物在前述平台兴盛的情形下仍有巨大的价值。主要原因在于，其一，这类刊物登载的案例一般经过选择，质量相对较高；其二，特别重要的是，这类刊物登载的案例，往往附有承办法官的解读。这对了解裁判者的思路非常重要。

1. 最高人民法院各庭室的出版物

最高人民法院各庭室均有其刊物，如民一庭的《民事审判指导与参考》、民二庭的《商事审判指导》、民四庭的《涉外商事海事审判指导》、环资庭的《环境资源审判参考》、执行局的《执行工作指导》、审监庭的《审判监督指导》等。

这些出版物在中国裁判文书网运行前是主要的案例查询渠道之一。但是，随着巡回法庭的设置、其他的案例编撰出版增多等原因，机关刊物的权重在降低。

---

① 《最高人民法院统一法律适用工作实施办法》理解与适用，载最高人民法院网站，http://www.court.gov.cn/fabu-xiangqing-334151.html，访问日期2021年12月5日。

2. 最高人民法院有关部门出版的案例

主要包括：呈现法官会议纪要类的书籍，如《最高人民法院人民法院第一巡回法庭民商事主审法官会议纪要》《最高人民法院人民法院第五巡回法庭民商事主审法官会议纪要》《最高人民法院民事审判第二庭法官会议纪要》等；各庭室审理的疑难、典型案例，如《最高人民法院第四巡回法庭裁判要点与观点》等。

这类书籍是很重要的类案检索来源，参考价值较高。如《最高人民法院人民法院第一巡回法庭民商事主审法官会议纪要》前言提到的，"根据法学理论界和司法实务部门、特别是巡回区各级法院的建议和中国法制出版社的邀请，我们从已经审理的案件中，精心挑选出部门具有代表性的典型案件，按照一定的逻辑体例进行编辑整理"。这在一定程度上反映了这类案例的参考价值。

3. 各地法院编撰的类案

有的法院编撰了类案相关的书籍或文件材料。如北京第三中级人民法院有《类型化案件审判指引》，上海第一中级人民法院有"类案裁判方法总结工作机制"并公布了多种类案裁判方法。这类成册编撰、系列公开的类案材料，可以作为实务中提供类案的参考。

4. 其他案例类刊物

除前述由法院审判部门编著出版的刊物外，还有些专门的机构也出版案例集，也是重要的检索渠道。如中国审判案例要览案例、人民法院案例选案例等。此外，还有些专业刊物也登载具有极高参考价值的案例，如《法律适用》《人民司法》等。

第二部分　类案的识别

　　本部分内容主要是从法律适用、案件事实、案件总体处理情况等方面讨论如何对类案进行识别。在一般情况下，对于不同的类案，可以通过"类案的参考价值顺序"的有关因素进行比较。如果难以分辨影响力，或者需要进一步印证分析结论的，则应从影响裁判的因素入手，主要围绕基本事实、争议焦点、法律适用等方面进行识别。

　　类案的识别是类案得以参考的关键。

在前面部分提到，依据对相似性的初步判断，予以检索类案。就类案是否具有参考价值形成争议或需要进一步阐释的时候，则需要通过多个角度对类案进行识别。这种情况不仅针对对方当事人提供的类案，也针对己方提供的类案。类案的识别，一方面是增强己方类案的"相似"，另一方面是指出对方类案或者不利类案与待决案件的"不似"。找相似的角度也是找不似的角度。

对于类案如何进行"相似性识别和比对"，并无相应的规范，客观上也很难去制定一整套的规则，因为其中涉及相当的经验、个案因素。

对此，可以分两个方面。其一，在一般情况下，对于不同的类案，可以通过前述"类案的参考价值顺序"的有关因素进行比较。其二，如果难以分辨影响力，或者需要进一步印证分析结论的，则应进行进一步的识别。可以从影响裁判的因素入手，主要围绕基本事实、争议焦点、法律适用等方面找不同点。这两个方面往往是交织在一起的。

案例 26 佳某达公司与瓷某机砖厂借款合同纠纷案，（2020）最高法民申 5534 号

最高人民法院认为：本案中，佳某达公司虽然主张其已于 2015 年 4 月 9 日、2017 年 3 月 21 日通过邮局以特快专递的方式向瓷某机砖厂发出催收通知，但从邮件详情单来看，该邮件中填写的收件人是瓷某机砖厂和瓷某机砖厂负责人，并未填写联系电话，收件地址均为瓷某机砖厂登记注册地址江西省景德镇市某区吕某。由于该地址限定在一定行政区域范围内，无明确具体的街道、门牌，亦无联系电话，客观上存在邮寄送达的不确定性。而在佳某达公司持有的《中国工商银行人民币中长期借款合同》《中国工商银行抵押合同》中已载明瓷某机砖厂自留的联系地址（瓷某大道吕某桥南）、联系电话（83××××8），佳某达公司本可以合同中载明的联系地址及联系电话作为邮寄地址以增强送达的准确性，亦符合合同约定。现瓷某机砖厂否认其收到催收通知，佳某达公司亦未进一步提供邮件回执等能够证明邮件实际到达瓷某机砖厂的证据加以佐证，现有证据尚不足以证明债权

催收邮件已实际到达瓷某机砖厂。原审法院结合本案债权形成时间、历史沿革等因素考量，根据借款合同、抵押合同、邮件详情单和公证书等证据材料认定佳某达公司未充分举证证明其债权催收邮件已实际到达瓷某机砖厂，故不发生诉讼时效中断的法律效力，符合案涉实际亦不缺乏事实和法律依据，佳某达公司的再审申请事由不能成立。

在这个案件中，最高人民法院认为向工商登记地址邮寄催款函，对方否认收到的情况下，债权人不能进一步证明送达，不能发生时效中断的法律效力。假设在待决案件中，是否超过诉讼时效成为焦点，债权人能举证已经发出催款函，但是不能证明已经送达债务人，债务人否认收到催款函且主张诉讼时效已经超过，并提出本案作为参考，那么对该案的参考价值，至少应注意以下方面：

其一，该案虽是最高人民法院生效判例，但属于再审审查案件，结果是裁定驳回再审申请。

其二，该案观点并不明确。实际上，最高人民法院显然在尽量避免得出债权人依工商登记地址发函催收后要举证已经送达才能中断时效的结论。最高人民法院裁定"原审法院结合本案债权形成时间、历史沿革等因素考量，根据借款合同、抵押合同、邮件详情单和公证书等证据材料认定佳某达公司未充分举证证明其债权催收邮件已实际到达瓷某机砖厂，故不发生诉讼时效中断的法律效力，符合案涉实际亦不缺乏事实和法律依据"。检索该案二审判决，二审法院并未明确其综合考虑了相关因素。

其三，该案在时效中断判断方面，与保护债权人的一般司法理念不符。

其四，该案事实方面有特殊的案情。比如合同约定了更为详细的地址；工商登记地址无明确的联系人、联系电话。

其五，该案债权系从资产管理公司低价收购而来，再审申请人所费成本较低，等等。

本部分内容主要是从法律适用、案件事实、案件总体处理情况等方面对援引案例进行分析。

第五章　法律适用方面的差异性

一般阅读案例，通常是先看"本院认为"部分，法律适用问题在这部分体现。一般而言，先看法律适用方面，然后再进一步比对基本案情，以确定是否参考。如援引案例在法律适用本身即存在疑问则无参考价值，比如下文要提到裁判观点不明确的类型。但是，在实务中，对于援引案例还是从法律适用、基本事实方面结合起来分析，比如对于裁判观点不明确类型，其是否明确也是具有一定主观性的评判。

本章主要对判例的焦点、裁判理由，提炼出其共通的特征，进行一般性的讨论。此外，还要注意法律规则本身的变化趋势对类案参考的影响。

第一节　争议焦点的分析

一般在"本院认为"部分先提出焦点。焦点具有相似性或者与待决案件有相关性，检索案例对焦点的态度或处理结果是明确的，这时要对焦点进一步分析。

对争议焦点的分析，主要看其是否为生效裁判的焦点、总结的焦点是否和当事人诉辩主张一致、焦点包括的法律规则是否得到全面的评判。

一、是否为生效裁判焦点

是否为生效裁判焦点，主要包括两个方面，一是对焦点的准确性理解，二是看是原审焦点还是终审焦点。

1. 是否为终审焦点

《最高人民法院关于适用〈中华人民共和国民事诉讼法〉的解释》（以下简称《民事诉讼法解释》）（2022修正）第三百二十一条规定，"第二审人民法院应当围绕当事人的上诉请求进行审理。当事人没有提出请求的，不予审理，但一审判决违反法律禁止性规定，或者损害国家利益、社会公共利益、他人合法权益的除外。"有关事项在一审成为焦点，或者各方进行了辩论，但在二审时，各方未再涉及该问题。由于对未明确列出争议焦点的案件，查阅习惯是看本院认为部分、诉讼请求部分，往往会直接将一审诉讼请求是否得到支持作为焦点。此外对于案件处理型的焦点，容易忽视与原审的差异，可能会将一审处理、认定已有不当，但当事人放弃的问题，作为生效裁判支持的内容予以参考。

援引案例从当事人起诉答辩、判决理由和处理结果上，具有相当参考价值。但是，该案生效判决并没有对涉及与待决案件有关的争议焦点进行论述，则该案不具有参考价值，不是实质意义的类案。

2. 准确理解焦点问题

前述已经分析，实践中一般存在法律适用、事实认定和案件处理等类型的焦点，其表述方式往往都是和具体案情结合。通常情况下，不能仅依据"本院认为"部分对焦点的总结，而是需要结合查明的基本事实、裁判理由，对焦点进行准确判断。

案例 27 中某信托有限责任公司、易某申请执行人执行异议之诉案，(2018) 最高法民终708号

最高人民法院认为，本案二审争议焦点是：中某信托能否就其案涉债权强制执行重庆市××云锦路××车库××号车位。

最高人民法院认为，中某信托关于应对案涉车位准予执行的诉讼主张不能成立。首先，按照《执行异议和复议规定》第二十八条的规定，易某对案涉车位享有的民事权益足以排除中某信托的强制执行。案涉车位的

《产权置换补偿协议》签订时间是 2014 年 7 月 19 日,系在 2015 年 11 月 27 日的查封之前;案涉车位已实际交付易某占有使用,虽中某信托对案涉车位的交付时间有异议,但结合 2014 年 5 月 19 日《关于花某新村 19 号"名流花园"小区国有土地上房屋收购公告》记载的期限及所涉拆迁系现房安置等内容以及易某对中某信托查封的异议等情况看,一审判决认定案涉车位已于查封前交付易某占有并无不当;案涉车位系易某以产权置换方式取得,且其已经按照约定交付了原房屋产权手续,应视为已经履行了全部价款支付义务;从案涉土地整理及拆迁收购工作的整个过程看,案涉车位在查封前未办理过户登记并非因易某的原因。其次,按照《最高人民法院关于审理商品房买卖合同纠纷案件适用法律若干问题的解释》(以下简称《商品房买卖合同司法解释》)第七条第一款的规定也应保护易某对案涉车位享有的权益。根据查明的事实,易某以所有权调换形式签订《产权置换补偿协议》取得案涉车位属于拆迁安置的性质,中某信托对此亦无异议,典某地产将其另行抵押处置,亦不能损及易某作为被拆迁人享有的权益。

案例 28 唐某因与某外经贸融资担保有限责任公司等案外人执行异议之诉案,(2021)最高法民申 1091 号

最高人民法院认为,本案再审审查主要围绕以下问题:唐某对案涉车位是否享有足以排除强制执行的民事权益。

最高人民法院认为,《执行异议和复议规定》第二十七条规定:"申请执行人对执行标的依法享有对抗案外人的担保物权等优先受偿权,人民法院对案外人提出的排除执行异议不予支持,但法律、司法解释另有规定的除外。"该条是关于案外人排除执行的实体权利与申请执行人就抵押物的担保物权产生冲突时的处理规则。《执行异议和复议规定》第二十七条的"除外情形"仅为商品房消费者购房情形,即符合《执行异议和复议规定》第二十九条规定的情形。商品房消费者所购房屋事关其基本生存权权利的保护问题,故其对设立抵押权的抵押房产提出执行异议的,人民法院予以

支持。本案中，唐某购买的系小区车位，不符合《执行异议和复议规定》第二十九条规定的商品房购买者的情形。即便参照该规定将小区车位购买者理解为消费者，其亦未提交其名下无其他车位的相关证据。且根据《中华人民共和国物权法》第一百九十一条第二款的规定，抵押期间，抵押人未经抵押权人同意，转让抵押物的行为无效。本案唐某购买小区车位时车位处于第一次抵押权存续期间，故唐某不能对车位取得相应的权利。该笔抵押登记于2018年1月12日被注销，而在此之前该车位已经被再次抵押，该情形并不影响抵押权人的权利。对于车位购买人唐某是否能排除执行，仍应根据《执行异议和复议规定》第二十七条的规定加以判断，除前述分析外，该条也未规定案外人在抵押权设立前签订买卖合同的可以排除执行。唐某另主张某外经贸融资公司对案涉车位享有的抵押权不合法，但并未提供证据证明。因此，在某外经贸融资公司对案涉车位享有合法、有效的抵押权情况下，二审法院依照《执行异议和复议规定》第二十七条规定，认定唐某对案涉车位不享有足以排除强制执行的民事权益无适用法律错误。

比照这两个案件，"中某信托案"最高人民法院二审焦点为，"中某信托能否就其案涉债权强制执行重庆市××云锦路××车库××号车位"。"某外经贸融资公司案"最高人民法院再审审查焦点是"唐某对案涉车位是否享有足以排除强制执行的民事权益"。仅看焦点，两案似乎是一致的，即车位买受人能否排除抵押权人执行。

最高人民法院认为中某信托关于应对案涉车位准予执行的诉讼主张不能成立。在"某外经贸融资公司案"，最高人民法院认为，二审"认定唐某对案涉车位不享有足以排除强制执行的民事权益无适用法律错误"，驳回了唐某的再审申请。仅看焦点和处理结果，两则判例似乎是矛盾的。中某信托作为抵押权人，但其执行被排除；而另一案件中，最高人民法院又认为在某外经贸融资公司享有合法抵押权情形下，可以继续执行。

但是，结合基本事实和裁判理由可知两案针对不同情形。"中某信托案"中，当事人虽然也提出车位不同于房屋与基本的生存权无关的观点，但是，该案"案涉车位系易某以产权置换方式取得"，法院认为《商品房买卖合同司法解释》第七条第一款的规定也应保护易某对案涉车位享有的权益。

而在"某外经贸融资公司案"中，最高人民法院认为对于车位购买人唐某是否能排除执行，仍应根据《执行异议和复议规定》第二十七条的规定加以判断。其认为唐某购买的系小区车位，不符合《执行异议和复议规定》第二十九条规定的商品房购买者的情形。

我们再看一则和车位相关的案例。

案例 29 中国农业银行股份有限公司某市支行与晏某忠等案外人执行异议之诉案，（2020）最高法民终 940 号

农行某支行上诉请求：1. 撤销原判，改判驳回晏某忠的全部诉讼请求；2. 本案一审、二审的诉讼费由晏某忠承担。事实与理由：1. 案外人主张在查封前签署了合法有效合同、付清款项并进行了占有，但其提供的各项证据并不能充分证明该事实，昆某公司迫于压力，存在与回迁户等购房者后补大量材料的情况，一审法院没有认真审查案外人提供证据的"三性"，认定事实错误。2. 案外人要排除执行应当既符合普通法的规定，也符合特别法的规定，一审法院对《执行异议和复议规定》第二十八条和第二十九条进行选择适用，属于适用法律错误。

最高人民法院认为，本案二审的争议焦点为：晏某忠就案涉车位是否享有足以排除强制执行的民事权益。

关于查封前是否已签订合法有效买卖合同的问题。农行某支行主张案涉《商品房购销合同》等协议存在事后补签的嫌疑，但并未对此举示相应的证据予以证明。一审法院结合《收据》、银行 POS 机刷卡记录、《回迁户交房结算单》等证据，对《车位认购协议书》《车位认购确认书》及《商品房购销合同》的真实性予以认可，并据此认定晏某忠与昆某公司在案涉车位查封前签订了合法有效的买卖合同并无不当。案涉《商品房购销合同》虽未办理网签或备案，但不影响合同的效力，农行某支行的相关上诉

理由不能成立。

关于查封前是否已合法占有车位的问题。晏某忠同昆某公司签订的《车位使用协议书》明确约定"昆某公司同意提前移交车位……双方同意以现状移交使用",且双方对案涉车位已实际交付至晏某忠,并由晏某忠占有使用的事实均予以认可。农行某支行虽不认可《车位使用协议书》的真实性,但也未能举示出相反的证据否定其真实性,或证明查封前晏某忠并未占有车位。一审法院结合案涉小区的实际情况,认定案涉车位在查封前已由晏某忠占有并无不当,农行某支行的相关上诉理由不能成立。

关于价款支付的问题。晏某忠通过银行刷卡的方式,已于2015年11月26日足额支付了全部价款,有银行POS机刷卡记录、《收据》为证。一审法院确认晏某忠已支付全部价款有事实依据。

关于法律适用问题。《执行异议和复议规定》第二十八条与第二十九条分别适用于不同的情形,处于并列关系。农行某支行主张案外人排除执行需同时具备第二十八条和第二十九规定的条件,没有法律依据。本案请求排除执行的不动产为车位,一审法院结合案件事实,认定晏某忠对案涉车位的权利符合第二十八条规定的情形并足以排除执行,并不违反法律规定。

这个案件最高人民法院二审焦点是"晏某忠就案涉车位是否享有足以排除强制执行的民事权益"。最高人民法院二审维持原判,认定该执行案外人对车位享有排除执行的权益。但是,这个案件中,各方并未提出车位不属于商品房、与生存权无关的观点,生效判决也未对此进行辨析。

二、焦点是否和诉辩一致

争议焦点是否和当事人诉辩不一致,是否为法庭另辟蹊径确定的审理思路,是类案识别需要注意的问题。比如原告起诉要求解除合同,判决驳回其请求,理由是法院认为合同应当无效,而无效合同不存在解除问题(按照"九民会纪要"这种处理方式不妥)。2019年修正的《最高人民法院关于民事诉讼证据的若干规定》第五十三条第一款规定，"诉讼过程中，当事人主张的法律关系性质或者民事行为效力与人民法院根据案件事实作出的认定不一致的，人民法院应当将法律关系性质或者民事行为效力作为焦点问题进行审理。但法律关系性质对裁判理由及结果没有影响，或者有关问题已经当事人充分辩论的除外"。

如焦点与当事人诉辩不一致，案件在法律适用和结果处理上往往存在问题，该案例的参考价值相对较弱。

案例 30 石某春、刘某华、刘某、刘某英、刘某英、刘某书与新疆某投资集团有限公司、新疆某房地产开发有限公司股权转让纠纷案，（2013）民二终字第 40 号

2011 年 11 月，刘某书等起诉至新疆维吾尔自治区高级人民法院，请求法院判令撤销案涉《股权转让协议》等。该院一审驳回其诉讼请求。

刘某书等向最高人民法院提出上诉。上诉理由包括重大误解、显失公平等。

最高人民法院二审认为：原审原告及上诉人提出的诉讼请求是撤销案涉《股权转让协议》及相关补充协议，而股权转让作为一种民事法律行为，对于其效力的审查和确认，属法律赋予人民法院的依职权审查范畴，不受当事人诉讼请求和上诉范围的限制。因此，认定本案二审争议的前提是案涉《股权转让协议》及相关补充协议的合同是否有效，进而才能认定案涉《股权转让协议》及相关补充协议是否属于因重大误解、显失公平而应予撤销。

最高人民法院认为，股权受让方在订立相关《股权转让协议》时，其真实意思表示并不是为实际经营工贸公司而持有公司股权；股权转让方的真实意思表示也并非将工贸公司股权和资产全部转让从而退出经营，且双方对该掩藏在股权转让形式下的真实意思表示在主观上均明知。由此可以认定，双方在签订本案所涉股权转让协议时所作意思表示构成虚伪表示。本案所涉股权转让协议因缺乏真实意思表示而应认定为无效。

据此，最高人民法院认为，本案所涉股权转让协议及相关补充协议经法院依职权审查认定为无效，无效合同自始无效，不存在依申请撤销的问题。故判决撤销一审、确认有关合同无效。

本案也是一个典型案例。当事人起诉要求撤销合同，一审判决驳回。上诉后，最高人民法院二审认定该合同无效。最高人民法院的理由是合同效力应主动审查。据此，判决撤销一审、确认合同无效。

从二审判决看，其焦点显然是合同是否有效，但是，该问题并未经双方充分论辩，不在当事人诉辩理由内。上诉人提出，"刘某书等人是在对《股权转让协议》发生重大误解而非真实意思表示的情况下与两被上诉人签订了《股权转让协议》"，"涉案的《股权转让协议》显失公平"，被上诉人主要从这两方面予以回应。

由于总结的焦点与当事人诉辩不一致，则该焦点本身的法律适用的参考性较弱，并且，根据当事人请求及裁判结果概括出的处理结果而言，参考价值也较弱。此后，最高人民法院作出（2015）民再字第 2 号判决，撤销了该二审判决。

三、法律规则是否全面评判

援引案例的焦点是法律适用问题时，需要考察法律规则是否得到充分论辩。主要包括对法律规则适用要件的全面性阐述、对影响案件结果的其他酌定情节的全面分析等方面。

分析法律规则是否得到充分论辩的重要意义在于：其一，没有经过充分论辩，则结论、裁判理由的参考价值往往受到影响，在提供新的事实、理由后，可以提出挑战；其二，裁判文书可能并未全面体现当事人提交的有关材料、论述主张。这种情况是经常发生的，相关情况可能在庭审笔录中体现，但裁判文书并未载明，这就使基本案情难以识别。

如何判断检索或援引案例，是否进行充分论辩，主要看以下方面：

1. 是否穷尽法律规则

穷尽法律规则包括两种情况：

其一，可以适用的法律规则都已援引。没有援引适当的法条或者援引的法条错误，导致案件处理不当，在实践中比较常见。

援引的法条有遗漏的情况相对比较复杂。往往涉及围绕诉讼目的的诉讼理由体系。比如对于解除合同而言，只援引了法定解除的某几项依据，没有提及满足约定的解除条件。

其二，就援引的具体法律规则而言，其适用条件得到全面、正确的分析。如果当事人诉讼理由明显不符合逻辑或常理、对法律规则的理解明显不当，裁判理由往往比较简略或不周密。对此，关键在于对法律规则的充分理解、对法律问题不同主张的全面掌握，也要了解相关问题的司法或法学研究的动态。

比如对于是否构成欺诈，当事人仅就不构成"虚假宣传"进行举证、论述，但并未指出即使存在不实陈述也不足以诱使另一方作出错误的意思表示。这种案例由于存在论辩不充分性，参考价值就受到影响。

案例31 万某置业有限公司与海南省房地产开发总公司合资、合作开发房地产合同纠纷案，(2020)最高法民终763号

本案中，一审法院认为，2006年1月25日执行法院依法作出（2004）海中法执字第158-3号民事裁定，驳回万某公司的异议。该裁定已发生法律效力。故万某公司此时已经明确知晓案涉合同及补充合同已无法继续履行的事实，如果万某公司认为海房公司应承担违约责任，应在法律规定的期限内行使自己的权利。在本案中，无论是自执行法院海口中院2006年1月25日作出告知其应另行起诉或通过其他方式主张权利的民事裁定之日起，还是自2007年1月22日一审法院作出海南高院（2006）琼民一终字第7号民事裁定之日起，至本案提起诉讼之日止（2018年9月10日），万某公司的起诉均已远超出法律规定的二年诉讼时效期间。

万某公司上诉称,"在本案二审庭审中,万某公司明确其上诉理由是本案存在《中华人民共和国民法总则》① 第一百九十四条第一款第五项规定的诉讼时效中止的情形,诉讼时效中止的时间段为 2007 年 1 月 8 日至 2018 年 6 月 4 日"。

最高人民法院认为,"按照《中华人民共和国民法通则》② 第一百三十五条规定,本案的诉讼时效期间为 2006 年 1 月 25 日起至 2008 年 1 月 24 日止"。"《中华人民共和国民法总则》自 2017 年 10 月 1 日起施行,本案诉讼时效期间自 2006 年 1 月 25 日起算,且万某公司主张自 2007 年 1 月 8 日开始诉讼时效中止,因此本案应当适用当时施行的《中华人民共和国民法通则》有关诉讼时效中止的规定。万某公司主张适用《中华人民共和国民法总则》第一百九十四条第一款第五项的规定处理本案,没有法律依据,本院不予采纳。"对于诉讼时效中止的若干理由不予采纳。

最高人民法院判决维持原判。

这个案件中,法院主要以超过诉讼时效为由驳回诉求。最高人民法院"二审争议焦点为:本案诉讼时效期间应当从何时起算,本案是否存在诉讼时效中止的情形"。

从判决书看,上诉人没有援引《最高人民法院关于适用〈中华人民共和国民法总则〉诉讼时效制度若干问题的解释》③。该解释第二条规定,"民法总则施行之日,诉讼时效期间尚未满民法通则规定的二年或者一年,当事人主张适用民法总则关于三年诉讼时效期间规定的,人民法院应予支持"。

该解释自 2018 年 7 月 23 日起施行,其规定"本解释施行后,案件尚在一审或者二审阶段的,适用本解释;本解释施行前已经终审,当事人申请再审或者按照审判监督程序决定再审的案件,不适用本解释"。

---

① 本法已失效,下文中不再标注。
② 本法已失效,下文中不再标注。
③ 本解释已失效,下文中不再标注。

本案提起诉讼之日为 2018 年 9 月 10 日，前述司法解释施行后尚在一审阶段，应当适用该解释。按照二审认定，"本案的诉讼时效期间为 2006 年 1 月 25 日起至 2008 年 1 月 24 日止"。《中华人民共和国民法总则》于 2017 年 10 月 1 日施行。也就是说，在《中华人民共和国民法总则》施行之日，诉讼时效期间尚未满二年。根据前述基本情节，本案符合该解释第二条规定情形，诉讼时效并未超过。

但是，"当事人未提出诉讼时效抗辩，人民法院不应对诉讼时效问题进行释明"，如当事人未援引该司法解释，法院不应主动援引。本案二审时，最高人民法院显然是注意到上诉理由援引法条有遗漏的问题，但鉴于裁判的中立性，只是要求上诉人明确其上诉理由。上诉人"明确其上诉理由是本案存在《中华人民共和国民法总则》第一百九十四条第一款第五项规定的诉讼时效中止的情形，诉讼时效中止的时间段为 2007 年 1 月 8 日至 2018 年 6 月 4 日"。

该案上诉人未将前述司法解释规定作为上诉理由。同时，其明确上诉理由为符合《中华人民共和国民法总则》规定的诉讼时效中止的情形。本案属于比较典型的，没有援引恰当的法条、援引法条有遗漏的情形。由于相关法律规则在本案中没有得到评判，对于时效是否超过，其参考价值是比较弱的。当然，从另外个角度，法院不主动审查时效是否经过，或者不超出当事人主张的理由外审查时效是否超过，本案有一定参考价值。

2. 诉讼理由是否直接评判

通过比照当事人主张的具体理由与裁判理由，考虑当事人的每一项主要理由是否得到评价。如没有得到直接评判，则其参考价值显然较弱。

案例 32 北京北安伟某投资控股有限公司与启东崇某置业有限公司等商品房销售合同纠纷案，(2019) 最高法民申 4732 号

该案中，申请人提出：一、有新的证据，足以推翻原判决。二、原判决适用法律错误。最高人民法院发布的指导案例、一系列司法文件和 2019

年最高法院作出的判例表明：首先，类似本案中伟某公司与崇某公司双方当事人一开始签订商品房买卖合同的目的是担保债权的实现，为双方真实意思表示，而非"以虚假的意思表示实施的"通谋虚伪表示。其次，根据物权与债权区分原则，是否违反物权法定原则仅影响产生物权效力，不影响合同本身的效力；同时，让与担保为法理与实践确认的非典型担保，根据双方当事人的安排，特别是事后一致同意的结束借款合同和担保关系正式建立确认商品房买卖合同关系，因此合同并不存在流押、流质的问题，即不违反《中华人民共和国物权法》第一百八十六条及第二百一十一条规定，合同约定依法应为有效。三、本案符合申请再审时效的规定。

最高人民法院认为：伟某公司在超过提起再审申请的法定期限后，依据《中华人民共和国民事诉讼法》第二百零七条规定以有新的证据，足以推翻原判决为由申请再审，故应对其作为新证据提交的相关文件材料予以审查。"伟某公司在本案再审申请中提交的证据不能达到其所主张的证明目的，亦不足以推翻原审判决，其再审申请事由不能成立。"

最高人民法院认为，伟某公司的再审申请不符合《中华人民共和国民事诉讼法》第二百条第一项、第六项规定的情形。裁定予以驳回。

在这个案件中，当事人提出了参考类案，认为合同应当有效。但是，由于其属于超过六个月期限申请再审，最高人民法院着重审查了其新证据问题。最高人民法院裁定驳回申请，指出不符合"第六项规定"即"原判决、裁定适用法律确有错误的"情形。实际上，最高人民法院并未对当事人提出的参考案例、关于合同有效的理由直接予以评判。因此，对于涉案合同有效与否涉及的法律适用问题，没有参考价值。

3. 诉讼理由的有效性及全面性

考虑诉讼理由的有效性和全面性，实际上就是要看当事人的诉讼理由是否充分有力、裁判理由对其回应是否恰当。只有经过充分的挑战，得出的裁判理由才更具有说服力。因此，在识别类案时，需要研究当事人的诉辩主张，结合事实，对其合理性做初步的判断。这就和一般情况下，只注意"本院认为部分"、诉讼请求和处理结果的查阅习惯是有一定区别的。

案例 33 史某燕北京兴某置业有限公司执行异议之诉案，（2017）最高法民再 140 号

法院查明的主要事实：史某燕提交其（买受人）与长某公司（出卖人）签订的《商品房买卖合同》，合同日期为 2004 年 8 月 15 日。史某燕另提交其（丙方、现买受人）与长某公司（甲方、出卖人）、毛某（乙方、原买受人）签订的《〈商品房买卖合同〉补充协议》，该协议约定：一、本商品房原买受人为毛某，现因买受人自行出售并经原买受人指定，出卖人将本商品房由原买受人换签给现买受人；二、本商品房已由原买受人占有并使用，关于该商品房的交接、交付及产权纠纷等由现买受人与原买受人直接进行交涉，与出卖人无关；三、现买受人知晓本商品房已由出卖人抵押给银行的事实，买受人如需解除银行抵押权、办理房屋产权证应承担其相应费用。该协议日期为 2012 年 3 月 20 日。

因兴某公司与长某公司项目转让合同纠纷一案，法院 2005 年 4 月 27 日查封了案涉房屋。在该转让合同纠纷案执行过程中，史某燕提出执行异议。后提出执行异议之诉要求停止执行。

北京市高级人民法院认为："本案中，史某燕提交了签约时间分别为 2004 年 8 月 15 日与 2012 年 3 月 20 日的两份案涉房屋买卖合同，根据业已查明的案件事实，法院无法确定史某燕提交的其作为买受人与长某公司作为出卖人于 2004 年 8 月 15 日签订的《商品房买卖合同》的真实性，因此，史某燕为购买案涉房屋而签订买卖合同的时间应为 2012 年 3 月 20 日，晚于案涉房屋被法院查封的时间。""虽然史某燕主张其购买案涉房屋属于'改底单'，由其替代毛某成为购房人且一并承受了毛某在原购房合同中的权利义务，毛某于 2004 年购买案涉房屋，早于法院的查封时间，故应停止执行。对此，且不论史某燕的该项主张是否符合相关法律规定，单从史某燕提交的证据来看，因其并未提交证据证明在毛某作为购房人的情形下，

毛某具有排除对案涉房屋执行的权利，故而无从判断史某燕主张的受让毛某的权利是否存在，史某燕应承担举证不能的不利法律后果。"

史某燕向最高人民法院申请再审。被申请人兴某公司答辩称：认定案涉房屋是毛某购买的，购房依据不充分；毛某与史某燕签订合同在法院查封之后，根据法律规定，被查封的房产不能买卖，买卖无效。史某燕并无阻止执行的权利。

最高人民法院认为："上述证据相互印证足以证明：在法院查封案涉房屋（2005年4月27日）之前，毛某已于2004年8月15日与长某公司签订购房合同，并于当日支付全部款项，并开始支付电视收视费等费用，已实际占有该房屋；2012年史某燕通过链家地产中介与毛某签订房屋转让合同，因该房屋并未实际登记过户，双方通过在长某公司'改底单'的方式完成交易；目前，史某燕实际占有该房屋"。

"根据《执行异议和复议规定》第二十八条的规定，应当认定毛某具有排除执行的权利。史某燕系从毛某处购买该房屋，法律上实质为债权转让，即受让毛某对长某公司享有的债权。排除执行的权利是毛某原有债权当然包含的内容。在相关当事人未明确约定排除受让人的此项权利时，不能否定史某燕同时承继该权利。故应当认定史某燕也具备排除执行的权利。"

本案是关于次买受人能否依据《执行异议和复议规定》第二十八条规定排除执行的典型案件。本案系最高人民法院再审改判案例，最高人民法院在判决中明确提出，"应当认定毛某具有排除执行的权利。史某燕系从毛某处购买该房屋，法律上实质为债权转让，即受让毛某对长某公司享有的债权。排除执行的权利是毛某原有债权当然包含的内容。在相关当事人未明确约定排除受让人的此项权利时，不能否定史某燕同时承继该权利"。对此可以提炼出一条规则：如前一手买受人能阻却执行，则次买受人也能继承此权利，除非明确约定排除。值得注意的是，本案北京市高级人民法院的二审判决，属于下文要提及的"观点不明确"的典型。

这条规则，来源于对该案焦点法律问题的阐述。该焦点是"关于在毛某依法具有排除执行的权利之下，能否认定史某燕承继毛某的权利，也具有排除执行的权利"。被申请人答辩称，"毛某与史某燕签订合同在法院查封之后，根据法律规定，被查封的房产不能买卖，买卖无效"。

在类案中，能否参考前述规则，或者对该规则提出挑战，就需要分析该案焦点是否被充分辩论、诉讼理由是否有力。根据前述基本方法，本案首先是考虑当事人的诉辩主张，其次是考虑相关法律规定的立法本意、相关法律问题的不同主张，有关实践和理论的动态等。

通过分析可以发现，首先，被申请人抗辩"被查封的房产不能买卖，买卖无效"，说服力较差。这是未经充分论辩的典型。其次，可以通过查询发现，对于次买受人能否排除强制执行，尚有不同观点。当然这种不同观点，一般是上级或同级法院判例持有，或者相关法官、有影响力学者所主张并提出有说服力的理由。

最高人民法院法官司伟在《房屋次买受人权益排除出卖人的债权人强制执行的审查规则》[①] 中提出，"买受人的权益在性质上仍应当被界定为是一种合同债权，该债权因为特定当事人所具有的特定因素而被赋予与强制执行的金钱债权相比更为优先的地位。而这种与特定当事人相关联的特定因素具有明显的身份属性，不能被后者通过合同权利的转让所承继。因此，先买受人对案涉房屋所享有的权益是否能够排除开发商的一般金钱债权人的强制执行，不能适用于对次买受人的权益与开发商的一般金钱债权人强制执行之间法律关系的评判"。根据该文观点，前手买受人有可能具备条件阻却执行，但是后手买房人，如果是直接和开发商签合同，可能不具备阻却执行条件，但其变通方式和前手签约反而可能阻却执行，这显然不合适。这个观点，和前述判决的观点并不一致。这也属于不利类案的查询范围。

---

① 司伟：《房屋次买受人权益排除出卖人的债权人强制执行的审查规则》，载《人民法院报》，2021年2月4日，第7版。

第二节　裁判理由的分析

裁判理由表达了对焦点的看法，两者往往需要结合起来。对裁判理由进行概括性分析，主要看：其一，对法律适用问题的态度是否明确；其二，裁判理由是否具有多重性，即是否从不同甚至对立的角度来进行阐述，是否对判决结果有实质性影响。此外，也要注意裁判理由是否具有适于提炼的一般性。

分析援引案例的裁判理由，主要考虑其在形式上是否具有一般性，便于进行提炼；在表达方法上是否具有明确性；此外还要看其对处理结果的实际作用。

一、是否具有一般性

结合前述裁判理由的参考方面，对于"本院认为部分"，要看是否有对法律规则的阐述、能否提炼出裁判规则。尤其是对于"提炼裁判规则"的类型，在外观上一般是一段较为充分的论述，在实质上能够一定程度超脱该案具体案情，具有一般性。

案例 34　鞍山中某置业有限公司与鞍山中甲房地产开发有限公司等债权转让合同纠纷案，(2018) 最高法民再 467 号

在本案中，关于案涉《委托贷款借款合同》及补充协议的效力问题，最高人民法院认为：根据中某公司的陈述可知，《委托贷款借款合同》及补充协议是其作为房地产开发企业在受国家宏观调控政策影响很难从银行融到资金，而民间借贷利率又较高、急需资金的情况下，自愿同某银行鞍山分行签订的，系双方的真实意思表示。结合 2013 年 11 月 26 日、27 日从某银行鞍山分行汇出的 2.5 亿元资金流转情况和一审法院对某银行重庆分行工作人员了解情况的工作笔录，可以认定某银行鞍山分行通过同某财富公司签订《委托贷款委托合同》、同某银行重庆分行签订《专项资管计划

受益权转让协议》，集专项资管计划受托人和受益权人于一体，通过资金"过桥"方式，履行了合同约定的贷款义务，将2.5亿元款项交付给了中某公司。在从整体上评价本案中某公司与某银行鞍山分行之间的交易行为时，既要考虑双方实际采用的交易模式是否为法律所允许，同时也要考虑如何公平地处理双方当事人之间的权利义务关系。首先，在本案当事人实施融资行为的2013年，银行采用"受益权转让嵌套委托贷款"的模式为企业提供融资较为常见，当时并无任何法律、行政法规乃至部门规章等加以禁止或限制。其次，对于作为商事主体的某银行鞍山分行而言，追求较高的利息收入本身并不违法，只要合同约定收取的利息没有超过法律规定的上限，即应受到保护。在本案"受益权转让嵌套委托贷款"的交易模式在当时未受禁止的情况下，亦不存在规避垫资的问题。再次，《最高人民法院关于适用〈中华人民共和国合同法〉若干问题的解释（一）》第四条规定，"合同法实施以后，人民法院确认合同无效，应当以全国人大及其常委会制定的法律和国务院制定的行政法规为依据，不得以地方性法规、行政规章为依据"。在本案中，即使某银行鞍山分行违反了《关于加强商业性房地产信贷管理的通知》中关于"商业银行对房地产开发企业发放的贷款只能通过房地产开发贷款科目发放，严禁以房地产开发流动资金贷款或其他贷款科目发放"的规定，因该通知不属于法律、行政法规，亦不能据此认定案涉合同和协议无效。同时，不能简单地将违反部门规章或国家政策等行为等同于损害社会公共利益，否则合同法保护合同效力的立法目的将落空。某种交易行为是否损害社会公共利益，必须具体分析。中某公司主张某银行鞍山分行发放本案贷款行为损害社会公共利益，缺乏相应的事实依据。中某公司举出的福建伟某投资有限公司与福州天某实业有限公司、君某人寿保险股份有限公司营业信托纠纷案，与本案所涉领域不同，案情亦不同，本案不宜参照。最后，如前所述，本案《委托贷款借款合同》及补充协议是中某公司作为房地产开发企业在受国家宏观调控政策影响很难从银行融到资金，而民间借贷利率又较高、急需资金的情况下，自愿同某银行鞍山分行签订的。中某公司基于自身经营逐利的需要签订案涉合同和协议，取得了2.5亿元贷款并使用至今，在其不能按期偿还借款的情况下，再行主张合同无效，其主要目的是少支付利息，该主张于法无据，亦与诚实信用原则相悖。如果认定案涉《委托贷款借款合同》及补充协议无效，客观上势必会造成中某公司长期低成本占用银行贷款用于自身牟利的结果，显然不当。综上，中某公司主张案涉《委托贷款借款合同》及补充协议无效，理由不能成立，本院不予支持；二审判决认定《委托贷款借款合同》及补充协议有效是正确的，应予维持。需要特别说明的是，本院认定案涉《委托贷款借款合同》及补充协议有效，是综合考量本案具体案情后针对此个案作出的判断，并不意味着凡是未直接违反法律和行政法规强制性规定的合同均必然认定有效。还需要说明的是，本院认定案涉《委托贷款借款合同》及补充协议有效，并不意味对某银行鞍山分行的经营行为是否符合监管部门的监管要求作出了司法确认。某银行鞍山分行的经营行为是否合规，应由行政监管部门另行处理。

　　这个案件经最高人民法院审委会民事行政审判专业委员会讨论决定，涉及"受益权转让嵌套委托贷款"的效力。本案判决系针对个案的效力认定。最高人民法院强调，"需要特别说明的是，本院认定案涉《委托贷款借款合同》及补充协议有效，是综合考量本案具体案情后针对此个案作出的判断，并不意味着凡是未直接违反法律和行政法规强制性规定的合同均必然认定有效"。其对于具体合同效力的裁判理由不具有一般性，不宜作为另案参考。当然，从另一角度，其中体现的裁判方法、价值观，可供借鉴参考。

二、是否具有明确性

　　有的判决往往无意提炼出裁判规则，对于法律适用的一般性规则予以回避。分析裁判理由部分，要看其对待决案件有关的问题，是否给出明确的结论。

1. 观点是否确定

实践中，对于争议较大的、新类型案件的法律适用问题，判决往往不正面表达态度。援引案例对相关法律适用问题予以分析阐述的，要看其结论是否确定。

案例35 上海浦东发展银行股份有限公司连云港分行与江苏德某机械设备有限公司等额金融借款合同纠纷案，(2019)最高法执监71号

本案中，连云港朝某公司申诉称：江苏省高级人民法院裁定认为我公司未在法定期限内以合法的方式行使建设工程价款优先受偿权属认定事实和适用法律错误。

最高人民法院认为："（一）关于行使建设工程价款优先受偿权的方式和期限的法律问题。除依法向人民法院或仲裁机构主张权利外，对于当事人自行行使工程价款优先受偿权的方式问题，《中华人民共和国合同法》第二百八十六条只是原则规定'承包人可以与发包人协议将该工程折价'，而并未对协议开始的时间及方式作出具体规定。鉴于《最高人民法院关于建设工程价款优先受偿权问题的批复》（法释〔2002〕16号）规定了承包人行使优先受偿权的期限，实务中一般认为，法院对承包人行使优先受偿权的方式不应做过于严格的限制，否则不利于实现合同法规定保护承包人优先受偿权的制度目的。对于承包人以发出通知的形式催要工程款并声明享有和主张优先受偿权，发包人在通知书上注明无异议的，一般持支持的态度，认定属于法律上行使优先受偿权的有效形式，且不要求通知中必须具体写明将工程折价的意思。因此，江苏省高级人民法院复议裁定关于连云港朝某公司的通知内容并无承包人与发包人协议将该工程折价的意思表示，亦不符合其他合法的行使建设工程价款优先受偿权的方式，故该通知不能作为连云港朝某公司已依法行使建设工程价款优先受偿权依据的意见不当。同时，考虑到建设工程竣工后或者承包人与发包人解除建设工程施工合同关系后，建设工程价款的结算通常需要一个较长的过程，不可能短

期内直接要求将工程折价或拍卖变卖，因而只要承包人在六个月期限内向发包人发出了书面通知主张优先权，至少不宜否认该书面通知具有固定及延续其权利，直至其此后通过诉讼、申请执行或参加分配，或者申请仲裁行使优先权的效力。"

最高人民法院最后认为"综上，江苏省高级人民法院复议裁定关于连云港朝某公司所发出的通知书不能作为其依法行使建设工程价款优先受偿权依据的意见不当，该通知书的真实性问题认定事实的依据不足，申诉人申诉理由部分成立"。裁定撤销原裁定、由中级人民法院重新审查。

在这个案件中，最高人民法院在裁判理由专列一节论述"关于行使建设工程价款优先受偿权的方式和期限的法律问题"，这是个法律适用问题，最后最高人民法院也支持了申诉人，裁定重新审查。依据前文所述，本案具有较强的参考价值。

但是，进一步分析其裁判理由，可以发现，其论述虽然较为清晰，但是观点并不明确、坚决。其称，"对于承包人以发出通知的形式催要工程款并声明享有和主张优先受偿权，发包人在通知书上注明无异议的，一般持支持的态度，认定属于法律上行使优先受偿权的有效形式，且不要求通知中必须具体写明将工程折价的意思"。强调的是"一般持支持的态度"。接着在结论处论述到"因而只要承包人在六个月期限内向发包人发出了书面通知主张优先权，至少不宜否认该书面通知具有固定及延续其权利，直至其此后通过诉讼、申请执行或参加分配，或者申请仲裁行使优先权的效力"。进一步退缩，强调的是"至少不宜"。

比照类似的"正某集团有限公司与唐山市金某桐房地产开发有限公司破产债权确认纠纷案"（[2019]最高法民申4925号），最高人民法院认为："而在本案中，无论是《撤场协议》的约定，还是正某公司于2015年10月18日向金某桐公司发函催告金某桐公司将第二批款项支付至指定账户，并表示对全部工程款享有优先受偿权的行为，均不包含正某公司与金某桐公司就案涉工程折价抵偿工程款的意思表示。在金某桐公司并未依

《撤场协议》的约定于 2015 年 9 月 30 日之前支付第二批款项，且在正某公司发函催告后仍拒不支付工程款的情况下，正某公司未按照《中华人民共和国合同法》第二百八十六条的规定，在自 2015 年 9 月 30 日起六个月内，及时与金某桐公司协商将工程折价，或直接向人民法院申请将工程拍卖，要求将工程款在折价款或拍卖款中优先受偿。故原审判决关于正某公司并未依照法定方式在法定期限内行使建设工程优先受偿权的认定，有相应的事实和法律依据。"在这个案件中，最高人民法院又强调需要有"折价抵偿"的意思。从这个案件看，其观点似乎比较明确，但是，待决案件是否就应当予以参考处理，还需要结合其他因素。

以上两个案例，抛开其针对的具体法律问题本身，可以说互为补充，共同说明类案识别是一个具体而又系统的过程。

2. 是否对争议观点明确态度

在考虑裁判理由是否明确的时候，还应注意一种情况：原审裁判或者当事人就某法律适用问题提出了明确的观点，援引案例明确支持一方请求，但在生效裁判理由中没有复述或反驳该观点。在这种情况下，一般不宜以原审裁判的观点，或者从反对理解角度提炼出另一观点来作为参考。

案例 36 刘某珍与沈阳农村商业银行股份有限公司大东支行、辽宁宏某商业地产开发有限公司、谷某执行异议之诉一案，（2020）最高法民终 735 号

辽宁省高级人民法院认为："《无查询结果证明》虽然载明刘某珍名下并无其他用于居住的房屋，但对于《执行异议和复议规定》第二十九条中'买受人名下'应将买受人、实行夫妻共同财产制的配偶一方以及未成年子女作一并考虑，只要三者之一名下有房屋，即可视为已有居住用房。刘某珍购买案涉房屋是在与周某婚姻关系存续期间，当时周某名下有三处房产，应视为刘某珍购买案涉房屋时已有居住用房。故刘某珍不符合《执行异议和复议规定》第二十九条规定中关于'买受人名下无其他用于居住的

房屋'的规定。"

最高人民法院认为："刘某珍购买的案涉房屋设计用途为住宅，刘某珍购买案涉房屋时虽处于婚姻存续期间，周某名下另有三套房屋，但刘某珍与周某于 2014 年 5 月离婚后，原登记在周某名下的三套房屋均归周某所有，截至一审法院审理期间该三处房屋仍登记于周某名下。刘某珍于 2019 年 7 月 8 日提出执行异议时，其名下并无其他可用于居住的房屋。故刘某珍符合前述第二十九条关于'所购商品房系用于居住且买受人名下无其他用于居住的房屋'的情形。"

在这个案件中，一审法院明确提出，《执行异议和复议规定》第二十九条中"买受人名下"应将买受人、实行夫妻共同财产制的配偶一方以及未成年子女作一并考虑，只要三者之一名下有房屋，即可视为已有居住用房。最高人民法院予以改判。从判决理由看，最高人民法院似乎认为"买受人名下"应仅考察该买房人，而不考虑配偶子女情况。但是，对于一审法院的明确观点，最高人民法院并未直接予以评述，也没有自行提出相应的规则。同时，其又指出"周某名下另有三套房屋，但刘某珍与周某于 2014 年 5 月离婚后，原登记在周某名下的三套房屋均归周某所有"，据此，仅就本案而言，难以得出最高人民法院不考虑配偶一方名下房屋的情况。

下面再看一则典型案例。

案例 37 徐某明与中国金融租赁有限公司等案外人执行异议之诉案，（2020）最高法民终 1202 号

一审法院在审理中某公司与被执行人山东智某汤泉旅游度假村有限公司、晨某公司、陈某德、高某英融资租赁合同纠纷一案中，作出了保全。此后，一审法院作出（2016）津民初 100 号民事判决，判项包括"晨某公司以其所有的 31 套房屋抵押物就上述第三项还款义务承担抵押担保责任"等。案涉 D3 号房屋目前仍登记在晨某公司名下，且已经于 2015 年 10 月 9 日进行了抵押登记。中某公司申请执行。2019 年 9 月 2 日，一审法院作出

22号执行裁定，驳回徐某明的异议申请。

徐某明提起本案诉讼，要求停止执行。

一审法院认为：《执行异议和复议规定》第二十九条属于第二十七条规定的"法律、司法解释另有规定"的情形之一，即商品房消费者对执行标的物权期待利益应优先于申请执行人对执行标的享有抵押权。徐某明享有的债权请求权不能对抗中某公司的抵押权，其依照《执行异议和复议规定》第二十八条规定要求对D3号房屋停止执行，依据不足。

一审判决驳回徐某明的诉讼请求。徐某明向最高人民法院上诉，主要包括：《执行异议和复议规定》第二十八条、第二十九条均能对抗抵押权；其符合《执行异议和复议规定》第二十八条规定的条件；其户籍已迁至山东省日照市，在案涉房屋所在地沂南县无其他用于居住的用房，亦符合《执行异议和复议规定》第二十九条的规定。

最高人民法院认为：根据本案当事人的上诉请求，并经双方确认，本案二审争议的焦点问题为：徐某明对D3号房屋是否享有足以排除强制执行的民事权益及对于D3号房屋是否享有所有权。对此，应结合《执行异议和复议规定》第二十八条、第二十九条的相关规定进行分析。

首先，本案无法参照适用《执行异议和复议规定》第二十九条的规定排除强制执行。《执行异议和复议规定》第二十九条属于商品房消费者生存利益排除强制执行的特别规则。购房人的权利在法律属性上仍系债权范畴，但在购房人的生存利益和其他民事主体的商事利益发生冲突时，基于侧重保护生存权益的价值导向，赋予购房人排除其他债权人甚至包括抵押权等优先受偿权的强制执行的权利，目的在于追求实质公平和实质正义。但此生存利益的特别保护，仅限于购买的房屋系为了满足家庭日常基本居住需要，故对于购买度假型、豪华型房屋，或者投资型、经营型房屋，以及基于消灭其他债权债务关系而形成的以房抵债等的，均不属于生存权特别保护的范畴。本案徐某明受让的案涉房产为300余平方米的别墅，从使用功能上看，明显不涉及生存权的保护问题，徐某明二审提交的其本人及其配偶在沂南县无房产的证据并不足以证明D3号房屋涉及其基本生存权益，故本案不应参照适用《执行异议和复议规定》第二十九条的规定排除强制执行。

其次，本案也无法参照适用《执行异议和复议规定》第二十八条的规定排除强制执行。根据一审法院查明的事实，徐某明虽在法院查封D3号房屋前即与晨某公司签订了《智某汤泉庄园认购协议》，并通过徐某红向晨某公司支付优惠后的全部购房款，但关于未办理过户登记是否"非因案外人自身原因"问题，本院认为，人民法院查封前，案外人与出卖人已经共同向不动产登记机构提交办理所有权转移登记申请且经登记机构受理，或者案外人因办理所有权转移登记与出卖人发生纠纷并已起诉或者申请仲裁，或者有其他合理客观理由的，可以认定为"非因案外人自身原因"，本案中徐某明二审提交晨某公司出具的说明并不足以证明其在D3号房屋长期未能办理过户的情况下采取了有效措施主张权利，不足以认定徐某明对案涉房产未办理过户并无过错。其他证据亦不能证明徐某明享有足以排除强制执行的民事权益。故徐某明对于D3号房屋的权益亦不符合《执行异议和复议规定》第二十八条规定的情形。

最后，关于徐某明就案涉房产是否享有所有权的问题。根据一审查明的事实，案涉房屋目前仍然登记在晨某公司名下，故一审判决认定徐某明仅对案涉房屋享有债权请求权，并对其要求确认案涉房屋归其所有的诉讼请求不予支持，并无不当。

最高人民法院判决维持原判。

涉案房屋已经办理抵押，执行过程中，案外人提出异议。本案涉及排除抵押权的强制执行，是否必须符合《执行异议和复议规定》第二十九条的规定这个重要问题。在前面类案的参考价值分类部分，提到了几个最高人民法院案例，明确对这个问题进行表态。

本案中，一审法院明确指出，"第二十八条系对登记在任何被执行人名下的所有不动产适用，系对不动产物权期待利益排除执行的一般性认定标准规定；第二十九条系针对商品房消费者对登记在被执行的房地产开发企业名下的商品房提出排除执行的特殊性认定标准规定，系对购房消费者基本居住权的特殊保护规则。因此，如案外人系商品房消费者之外的一般买受人，其享有的债权请求权不能对抗申请执行人对执行标的享有的抵押权；如案外人系商品房消费者，其享有的物权期待利益可以对抗申请执行人对执行标的享有的抵押权"，"徐某明享有的债权请求权不能对抗中某公司的抵押权，其依照《执行异议和复议规定》第二十八条规定要求对 D3 号房屋停止执行，依据不足"。上诉人明确提出，"第二十八条、第二十九条均能对抗抵押权，购房人有权利选择适用最有利的条款保护自己的权利，一审法院认定一般买受人的物权期待权不能对抗抵押权错误"。被上诉人答辩，"中某公司对 D3 号房屋享有抵押权，徐某明作为购房人若要排除中某公司对 D3 号房屋抵押权的强制执行，必须符合《执行异议和复议规定》第二十九条的规定，《执行异议和复议规定》第二十八条在本案并无适用的余地"。各方观点提出了明确的观点。

最高人民法院认为，"焦点问题为：徐某明对 D3 号房屋是否享有足以排除强制执行的民事权益及对于 D3 号房屋是否享有所有权。对此，应结合《执行异议和复议规定》第二十八条、第二十九条的相关规定进行分析"。最高人民法院进而认为本案无法参照适用《执行异议和复议规定》第二十九条的规定排除强制执行、也无法参照适用《执行异议和复议规定》第二十八条的规定排除强制执行。

最高人民法院赞同"《执行异议和复议规定》第二十九条属于商品房消费者生存利益排除强制执行的特别规则。购房人的权利在法律属性上仍系债权范畴，但在购房人的生存利益和其他民事主体的商事利益发生冲突时，基于侧重保护生存权益的价值导向，赋予购房人排除其他债权人甚至包括抵押权等优先受偿权的强制执行的权利"。但是，最高人民法院又同时从不具备第二十八条的角度进行分析。显然，据此很难得出最高人民法院在本案中认为，排除抵押权执行必须符合第二十九条。对于当事人、一审法院明确提出的争议问题，最高人民法院并没有直接给出明确的态度。

三、是否具有决定性

判决理由是否具有决定性，就是考察裁判结果对裁判理由的依赖性。主要包括：其一，考察该裁判理由是否为作出判决的直接依据；其二，考虑该裁判理由是否为处理结果不可或缺。

1. 是否被用于改变结果

在前文讨论类案的参考价值时提到，一般情况下，改判案件比维持案件更有参考价值。对于处理结果是维持原判、驳回再审申请的援引案例的生效裁判理由，要额外注意。特别是该案例是孤例的时候，参考性通常不高。

对于一个有争议性的观点，一般需要充分地检索相关案例。检索的终审案例情况一般包括：其一，与原审一样支持该观点；其二，与原审持不同观点，维持原判；其三，持有该观点，且据此改判。显然，第三种情况更具有参考价值，更有说服力。

案例 38 大理城某房地产开发有限公司与兴业银行股份有限公司大理分行保证合同纠纷案，（2020）最高法民申 6890 号

大理城某公司申请再审称："第五，加盖公章的实际时间与文本形成实际时间的前后顺序等对认定协议的真实性有重要影响，原审判决未查清盖章和文本打印的实际时间，采信鉴定意见的理由逻辑错误，未排除《最高额保证合同》系伪造的合理怀疑。最高人民法院公报案例（2014）民提字第 178 号民事判决第 18 页最后一段中认为：'……公章与文字的前后顺序、文字形成日期等对认定协议的真实性亦有重要影响，原审法院以公章与文字形成先后不影响协议真实性的判断为由，不予支持，确有不当。'……"

最高人民法院认为："申请人还主张《最高额保证合同》打印码显示

时间在后，落款时间在前。鉴定机构对此回复为因时间久远，无法鉴定对比文件形成时间。本院认为，案涉 12 笔银行承兑汇票形成于 2015 年 7 月至 10 月期间，即便按照申请人的理解，合同打印码显示该合同是 2015 年形成的文件，亦不存在明显不符合常理的情形。至于申请人所谓的证人证言，主债务人辉某公司法定代表人称对案涉《最高额保证合同》不知情，但其并不是签订《最高额保证合同》的一方当事人，王某东、黄某铃均系大理城某公司人员，其证人证言证明力较弱，申请人提供的其他证人证言内容与鉴定意见结论不符，又无法对鉴定意见认定笔迹和公章真实性的结论作出合理解释，本院不予支持。"

最高人民法院裁定驳回再审申请。

本案属于援引类案裁判理由的典型情况。当事人申请再审时援引"公报案例（2014）民提字第 178 号民事判决第 18 页最后一段"作为其依据。但是，该段论述不是公报案例的裁判摘要。查询该公报案例，相关裁判摘要和当事人援引的段落，都来源于该案焦点问题"关于 5.3 补充协议真实性的认定问题"的论述中。公报案例中，最高人民法院从多个方面予以论述，"根据 5.3 补充协议的内容、形式及该补充协议的形成过程和再审庭审查明陈某浴在原审中隐瞒重大事实信息的不诚信行为，同时考虑昌某公司一直否认自行加盖印章且不持有该协议之抗辩意见"，认定该协议不真实。

最高人民法院虽然在公报案例中提及"公章与文字的前后顺序、文字形成日期等对认定协议的真实性亦有重要影响，原审法院以公章与文字形成先后不影响协议真实性的判断为由，不予支持，确有不当"，但是并未依据其得出协议不真实的结论、案件的处理结果也与其无直接关系。公报案例的该论述，只是得出一般性的规则，即"因协议形成行为与印章加盖行为具有相对独立性，协议形成行为是双方合意行为的反映形式，而印章加盖行为是双方确认双方合意即协议的行为，二者相互关联又相互独立，在证据意义上，印章真实一般即可推定合意形成行为真实，但在有证据否定或怀疑合意形成行为真实性的情况下，即不能根据印章的真实性直接推定协议的真实性，也就是说，印章在证明协议真实性上尚属初步证据，人民法院认定协议的真实性需综合考虑其他证据及事实"。因此，其并非用于改变结果，对于本案而言参考性较弱，法院也未支持。

2. 裁判理由的多重性

在确定争议焦点与本案具有相似性后，还要看其裁判理由是否多重。裁判理由的多重性，表现为对于一方当事人的诉求、主张，生效判决虽然予以支持，但其裁判理由是多重的。其在论述方法上，一般采取"且""同时""退而言之"等语句。在此情况下，很难判定其中一条理由具有决定性；对于该条理由的参考价值，就受到影响。

案例39 中信银行股份有限公司某分行与某集团有限公司、某财富融资担保有限公司执行异议之诉纠纷案，(2016) 最高法民再360号

最高人民法院认为：本院经审理认为，本案的争议焦点是：某集团系涉案股份实际出资人的事实，能否排除人民法院的强制执行。

从本案查明事实看，某集团与某财富双方签订《委托投资入股代理协议》及《委托投资入股代理协议之补充协议》，约定某集团自愿委托某财富作为某集团对营某沿海银行的出资入股代理人并代为行使相关股东权利，委托资金总额9360万元，其中7200万元用于出资入股营某沿海银行，委托期间，某集团应向某财富支付共计200万元的代为持股费用。上述协议之履行，表明某集团与某财富之间形成了委托代持关系。但是，某集团就涉案股份并不享有足以排除强制执行的民事权益，不能排除人民法院的强制执行。主要理由如下：

第一，从实际出资人与名义股东的内部代持法律关系的性质分析。代持法律关系其本质属于一种债权债务关系，受合同法相对性原则的约束，隐名股东就该债权仅得以向名义股东主张，对合同当事人以外的第三人不产生效力。从公司法第三十二条的规定看，公司应当将股东的姓名或者名称向公司登记机关登记，登记事项发生变更的，应当办理变更登记，未经

登记或者变更登记的，不得对抗第三人。公司股东的登记事项主要体现在公司章程、股东名册和工商登记这三种材料中，本案营某沿海银行的公司章程、股东名册、工商登记资料中，涉案股份均登记于某财富名下，某财富可以据此主张行使股东权利，在公司对外关系上，名义股东具有股东的法律地位，隐名股东不能以其与名义股东之间的约定为由对抗外部债权人对名义股东的正当权利。《最高人民法院关于适用〈中华人民共和国公司法〉若干问题的规定（三）》第二十四条第一款规定对此进一步细化："有限责任公司的实际出资人与名义出资人订立合同，约定由实际出资人出资并享有投资权益，以名义出资人为名义股东，实际出资人与名义股东对该合同效力发生争议的，如无法律规定的无效情形，人民法院应当认定该合同有效。前款规定的实际出资人与名义股东因投资权益的归属发生争议，实际出资人以其实际履行了出资义务为由向名义股东主张权利的，人民法院应予支持。名义股东以公司股东名册记载、公司登记机关登记为由否认实际出资人权利的，人民法院不予支持。实际出资人未经公司其他股东半数以上同意，请求公司变更股东、签发出资证明书、记载于股东名册、记载于公司章程并办理公司登记机关登记的，人民法院不予支持。"上述法律和司法解释规定虽是针对有限责任公司，但本案中营某沿海银行为非上市的股份公司，参照上述法律规定处理相关法律关系从性质上而言亦无不妥。从上述法律依据看，在代持情况下，即名义股东与实际股东分离时，通过合同法规制解决。即使某集团为涉案股份的实际出资人，也并不当然地取得营某沿海银行的股东地位。代持情形下，隐名股东的财产利益是通过合同由名义股东向实际股东转移，需经过合同请求而取得，若隐名股东请求成为公司股东，则需经过半数股东同意，其并非当然取得股东地位。综合上述分析可知，某集团即使对涉案股份真实出资，其对因此形成的财产权益，本质还是一种对某财富享有的债权。如某财富违反其与某集团之间签订的委托协议，某集团得依据双方签订的相关协议向某财富主张违约责任，并不当然享有对涉案股份的所有权、享受股东地位。

第二，从信赖利益保护的角度分析。根据商事法律的外观主义原则，交易行为的效果以交易当事人行为的外观为准。即使外在的显示与内在的事实不一致，商事主体仍须受此外观显示的拘束，外观的显示优越于内在的事实。法定事项一经登记，即产生公信力，登记事项被推定为真实、准确、有效，善意第三人基于对登记的信赖而实施的行为，受到法律的保护，即使登记事项不真实、与第三人的信赖不符，善意第三人也可以依照登记簿的记载主张权利。只要第三人的信赖合理，第三人的信赖利益就应当受到法律的优先保护。另外，执行案件中的债权人与被执行人发生交易行为时，本身也有信赖利益保护的问题。发生交易时，申请执行人对被执行人的总体财产能力进行衡量后与之进行交易，被执行人未履行生效法律文书确定的义务进入强制执行程序后，被执行人名下的所有财产均是对外承担债务的一般责任财产与总体担保手段，因此不能认为强制执行程序中的申请执行人就不存在信赖利益保护的问题。特别是，法律规定明确否定超标的查封，申请执行人为了实现对某项特定财产的查封，必须放弃对其他财产的查封，如果对该查封利益不予保护，对申请执行人有失公允。因此，不能苛求被执行人的债权人与名义股东必须是就登记在名义股东名下的特定代持股权从事民事法律行为时才能适用善意第三人制度。在涉案股份的实际出资人与公示的名义股东不符的情况下，法律不仅应优先保护信赖公示的与名义股东进行交易的善意第三人，也应优先保护名义股东的债权人的权利。就本案而言，中信某分行对涉案股份申请强制执行具有信赖利益并应优先保护。

第三，从债权人和隐名股东的权责和利益分配上衡量。首先，债权人对名义股东的财产判断只能通过外部信息，股权信息查询获得，但代持关系较难知悉，属于债权人无法预见的风险，不能苛求债权人尽此查询义务，风险分担上应向保护债权人倾斜，制度以此运行则产生的社会成本更小。其次，实际出资人的权利享有相应的法律救济机制。即使名义股东代持的股权被法院强制执行，隐名股东依然可以依据其与名义股东之间的股权代持协议的约定以及信托、委托制度的基本原则，请求名义股东赔偿自己遭受的损失。再次，对涉案股份的执行并未超过实际出资人的心理预期。实际出资人在显名为股东之前，其心理预期或期待的利益仅仅是得到合同法上的权益，而非得到公司法上的保护。本案中，某集团在相关代持协议中与某财富就代持股份可能被采取强制执行措施的情形已做了特别约定即是明证。最后，从风险和利益一致性的角度考虑，实际出资人选择隐名，固有其商业利益考虑，既然通过代持关系，获得了这种利益，或其他在显名情况下不能或者无法获得的利益，则其也必须承担因为此种代持关系所带来的固有风险，承担因此可能出现的不利益。因此，由某集团承担因选择代持关系出现的风险和不利益，更为公平合理。

第四，从司法政策价值导向上衡量。现实生活中因为多种原因产生股份代持的现象，但从维护交易安全、降低交易成本的角度看，如果侧重于承认和保护隐名股东的权利从而阻却执行，客观上则会鼓励通过代持股份方式规避债务，逃避监管，徒增社会管理成本。本案中，在某集团与某财富签订协议之时，中国银监会①办公厅已下发了《关于加强中小商业银行主要股东资格审核的通知》（银监办发〔2010〕115号），其中第二条第二项规定"主要股东包括战略投资者持股比例一般不超过20%。对于部分高风险城市商业银行，可以适当放宽比例"。而营某沿海银行的股东中，海某酒店控股集团有限公司作为某集团的下属成员企业，投资比例已占20%，通过某财富代持股份的方式，某集团对营某沿海银行的持股比例达到了24.8%，某集团寻求某财富代持营某沿海银行股份，主观上不排除为了规避上述通知中对于股东资格审核的监管要求。此外，2018年1月5日银监会公布的《商业银行股权管理暂行办法》〔2018年第1号〕明确对商业银行的股权代持行为予以了否定。该办法第十二条第一款规定："商业银行股东不得委托他人或接受他人委托持有商业银行股权。"该规定虽系部门规章，但是从禁止代持商业银行股权规定的规范目的、内容实质，以

---

① 现为中国银行保险监督管理委员会。

及实践中允许代持商业银行股权可能出现的危害后果进行综合分析认定，可以看出对商业银行股权代持的监管体现出逐渐严格和否定的趋势。为了维护交易安全，也为倒逼隐名股东在选择名义股东时更加谨慎，依法判决实际出资人某集团不能对抗人民法院对涉案股权强制执行，有利于规范商业银行股权法律关系，防止实际出资人违法让他人代持股份或者规避法律。

最高人民法院判决撤销二审、维持一审，认为不能排除执行。

本案是关于隐名股东能否排斥名义股东债权人执行人的典型案例。最高人民法院再审撤销二审判决，且在判决中明确提出，"不能苛求被执行人的债权人与名义股东必须是就登记在名义股东名下的特定代持股权从事民事法律行为时才能适用善意第三人制度"。"在涉案股份的实际出资人与公示的名义股东不符的情况下，法律不仅应优先保护信赖公示的与名义股东进行交易的善意第三人，也应优先保护名义股东的债权人的权利。"

这是一例最高人民法院再审改判案例，参考价值较高。但是，获得优先保护的债权人应否仅包括"信赖公示的与名义股东进行交易的善意第三人"，最高人民法院其他判例持不同观点。

对于本案而言，需注意其裁判理由的多重性。最高人民法院"从实际出资人与名义股东的内部代持法律关系的性质分析""从信赖利益保护的角度分析""从债权人和隐名股东的权责和利益分配上衡量"以及"从司法政策价值导向上衡量"等方面，得出实际出资人不得阻却执行的结论。最高人民法院还提及其出资的营某沿海银行，银监会有专门的监管政策。在从多个角度分析后，最高人民法院认为，就本案而言，中信某分行对涉案股份申请强制执行具有信赖利益并应优先保护。需要注意的是，最高人民法院强调，某集团即使对涉案股份真实出资，其对因此形成的财产权益，本质还是一种对某财富享有的债权。因此，本案对于信赖利益一节的论述，并不具有决定性，还不能单独为其他类似案件参考适用。

第三节 规则变化情况

目前在立法、司法解释制定方面比较活跃，不断有新的法律、司法解释颁行。考察规则变化，包括变化的结果以及变化的过程，是重要环节。

如果检索案例对某一规则的理解适用是明确的，还要看该规则的变化趋势。主要是两个方面，其一，要看援引案例的规则，是否已被新的规则所代替；其二，要看关于所涉问题，是否正在形成新的规则。在强调类案检索的同时，避免忽视对法律规则本身通过多种渠道去分析研究。

这里的规则范围比较广泛，包括法律、司法解释规定的法律规则，以及主要是最高人民法院通过个案确定的裁判规则。裁判规则的确定方式包括指导案例、个案答复、公报案例、通过新闻发布会发布的典型案例以及各庭室编撰刊物登载的相关案例。

规则的形成，一般会经历问题的出现、多种认识或处理方式的并存、认识的趋同等阶段。具体表现出来就是，对某一问题，理论上有不同认识、法院有不同的处理方式，司法解释或其他规范性文件起草过程中形成比较趋同的认识（个别问题争议较大的，可能予以回避），然后通过正式的规范文件。法律制定过程基本类似，主要的不同之处在于，法律颁布后离施行间隔期间较长。而在这个"间隔期间"极其容易出现裁判认识不一致的情况。个案体现的裁判规则，其形成过程一般难从公开渠道获知。

一、是否为新的规则代替

对于所涉问题，如已被法律、司法解释，或者新的裁判规则所规范，则要看新的裁判规则或法律、司法解释是否与援引案例的规则不同，或者将其代替。这种情况，新的规则原则应当适用于待决案件。这实际上和一般的"找法"过程相关。但是，特别是新的法律、司法解释出台初期，相关案例较少，检索提供法律、司法解释施行前的案例难以避免。2021年民法典施行后，或许会出现大量的类似情况。此外，通过个案体现的裁判规则，在"找法"上也有一定难度，需要注意检索渠道的互补性。

1. 出现权威观点

出现权威观点包括新的法律、司法解释有相应规则，但主要还是指新出现权威的裁判规则。"权威"是相较而言的概念，要结合前述"类案的参考价值顺序"予以考察。比如援引案例是普通最高人民法院二审判决，其他案例是公报案例；援引案例经审委会讨论，其他案例是后来作出或颁布的，比如通过典型案例发布会，或者通过下发意见、纪要等形式予以明确。如前所诉，这些属于类案参考价值顺序的酌定因素，并无优劣之分，需要具体分析。

案例40 伊犁昊某房地产开发有限责任公司、新疆高某典当有限公司民间借贷纠纷案，（2020）最高法民申2427号

昊某公司申请再审称，请求依据《中华人民共和国民事诉讼法》第二百条第六项、第八项之规定再审本案。事实与理由：再审申请人引用另案与本案对照，认为原判决未对高某典当公司以非自有资金提供借款，且借款金额超过注册资本金的事实进行审查，直接认定双方借款关系有效，申请人按约定利息归还本息。申请人认为同类案件应以最高人民法院裁判规则、指导意见为标准，认定双方之间的借款关系无效，申请人应当按照同期贷款利率归还借款利息。

最高人民法院认为：经审查，高某典当公司的企业性质属于典当行，但其在本案中发放借款行为不符合《典当管理办法》所规定的典当特征，属于"名为典当，实为借贷"。高某典当公司在借款过程中虽存在使用资金为非自有资金，但并不符合《最高人民法院关于审理民间借贷案件适用法律若干问题的规定》第十三条认定民间借贷合同无效的情形。因此，原判决将诉争合同性质认定为有效的民间借贷法律关系，同时根据相关司法解释确定利息，并无不当。

最高人民法院同时认为："昊某公司所引用的案例系《最高人民法院关于审理民间借贷案件适用法律若干问题的规定》实施前企业之间拆借合同纠纷，与本案情形不同，亦非本院发布的指导性案例，不宜作为审理本案的参考依据。"

这个案例中，最高人民法院并没有详细说明援引案例如何"与本案情形不同"，但指出该案例是民间借贷司法解释（2015 年的《最高人民法院关于审理民间借贷案件适用法律若干问题的规定》）实施前的案例。而民间借贷司法解释对于企业间拆借，总体上认为有效，这和之前的司法解释有重大区别。

2. 出现不同认识

实践中开始出现与旧规则不同的认识，对其提出挑战，但是，这种新的认识还没有形成被普遍接受的趋势，或者尚未成为权威观点。

对于这种情况，先要确认是否属于类案。只有在符合类案的情况下，才进一步考虑不同认识如何处理。在确定属于类案的情况下，目前并无完善的冲突解决机制。《最高人民法院关于建立法律适用分歧解决机制的实施办法》只是规定了最高人民法院层面的案例冲突，但是，在目前的管辖背景下，大部分案件还是在基层法院处理。

案例 41 奚某芳与江阴森某化纤有限公司、季某伟买卖合同纠纷案，（2018）苏 0281 民初 210 号

本案中法院认为，"关于季某伟应否对案涉货款承担还款责任的问题。审理中季某伟辩称其分别担保于 2016 年 10 月 1 日前给付 10 万元，于 2017 年 5 月 20 日前给付 10 万元，于 2018 年 5 月 20 日付清余款，其中第一期、第二期保证期限均已届满，保证责任消灭。本院认为，季某伟以担保人身份签名确认的《担保责任及欠款确认书》所涉债务为森某公司的原已到期债务，季某伟在《担保责任及欠款确认书》中对到期债务作出了清偿计划，原或然债务已转化为实然债务，根据最高人民法院《北京地某房地产

开发有限责任公司与中国华某资产管理公司北京办事处、中国机某总公司、中国轻某集团公司、北京正某机电技术公司借款担保合同纠纷上诉案》中的指导意见，债务到期后保证人提供担保的性质不应认定为保证，实际上是对到期债务承担还款责任的承诺，应以新的债权债务关系确定当事人权利义务，不涉及债权人在保证期间内有无行使权利而导致保证人是否免责的问题。故季某伟在《担保责任及欠款确认书》作为担保人签名所产生的责任应为与主债务人森某公司共同的还款责任，应适用诉讼时效的规定。奚某在诉讼时效期间内主张了权利，季某伟依法应承担还款责任"。

在这个案件中，法院援引了"北京地某房地产开发有限责任公司与中国华某资产管理公司北京办事处、中国机某总公司、中国轻某集团公司、北京正某机电技术公司借款担保合同纠纷上诉案"，并据此作出裁判。该类案裁判意见为，债务到期后保证人提供担保的性质不应认定为保证，实际上是对到期债务承担还款责任的承诺，应以新的债权债务关系确定当事人权利义务，不涉及债权人在保证期间内有无行使权利而导致保证人是否免责的问题。

该类案登载于《民商事审判指导》。进一步查询相关资料，该案承办人认为，"但对债务到期后提供担保的法律属性问题尚需进一步的探讨研究"①。该案作出时间较早，从承办人角度而言认为相关法律问题尚有争议。

通过进一步检索，可以发现有不同观点。

案例 42 婺源县万某山陵园有限公司与徐某炎等民间借贷纠纷案，（2017）最高法民申 2839 号

最高人民法院认为：由于万某山公司作出承诺时主债务已到期，保证期间本应自保证人作出承诺时起算，但由于承诺中载明"保证 2014 年 12

---

① 刘敏：《债务到期后提供担保的法律认定》，《民商事审判指导》2004 年第 1 辑，第 159 页。人民法院出版社，2004 年 10 月第 1 版。

月底前全额偿还债务",该期限应视为保证人清偿债务的期限,故原审关于本案保证期间应自 2015 年 1 月 1 日起至 2015 年 6 月 30 日止,徐某炎起诉时尚未超过保证期间的认定正确。但原审关于主债务到期后,保证人作出的保证承诺是对到期债务偿还责任的承诺,而非一般意义上的提供担保,以及上述保证人和债权人约定的保证人债务清偿期限应认定债权人和债务人对还款期限延长的裁判理由,与当事人的约定不符,且缺乏法律依据,本院予以纠正。但由于其裁判结果正确,为减少讼累,本院在纠正其判决理由的同时维持其裁判结果。

在新近的最高人民法院判例中,明显持与前援引案例不同的观点。最高人民法院在此案中认为,"原审关于主债务到期后,保证人作出的保证承诺是对到期债务偿还责任的承诺,而非一般意义上的提供担保,以及上述保证人和债权人约定的保证人债务清偿期限应认定债权人和债务人对还款期限延长的裁判理由,与当事人的约定不符,且缺乏法律依据"。对同一问题,出现不同观点的案例,这种情况在实务中比较常见,对检索和类案识别提出了更高的实务要求

3. 规则依据改变

出现权威的观点,或者出现不同的观点,都是明显的。还有一种情况下,原裁判规则依据的法律、司法理念等已经发生变化。在这种情形下,该规则适当性就受到挑战。但是,这种变化是不明显、不容易被发现的。需要对相关问题的实务和理论研究保持跟踪,或者全面查询。

这方面比较典型的例子是以划拨建设用地使用权抵押。对于仅以划拨建设用地使用权抵押,经历了一个从"需要经过审批"到"登记视同审批",再到"无需审批"的发展过程。第一阶段,根据《划拨土地使用权管理暂行办法》[①] 第五条及《中华人民共和国城镇国有土地使用权出让和转让暂行条例》第四十四条的规定,划拨建设用地抵押的,必须经过依法

---

① 本办法已失效,下文中不再标注。

批准。第二阶段，2004年国土资源部①发布《关于国有划拨土地使用权抵押登记有关问题的通知》规定："以国有划拨土地使用权为标的物设定抵押，土地行政管理部门依法办理抵押登记手续，即视同已经具有审批权限的土地行政管理部门批准，不必再另行办理土地使用权抵押的审批手续。"2010年7月《国务院关于第五批取消和下放管理层级行政审批项目的决定》发布，取消了国有划拨土地使用权抵押行政审批项目。以划拨建设用地使用权抵押的相关法律和政策有一个发展的过程，人民法院在认定合同效力时也有一个发展的过程。2004年以前，以划拨建设用地使用权抵押的，未经审批同意，认定抵押合同无效。2004年以后，因为登记即视为审批以及2010年以后无需审批，故以未办理批准手续为由主张抵押合同无效或者不生效的，人民法院不予支持。②

案例43 重庆吉某典当有限公司与贵州省湄潭县全某房地产开发有限责任公司等典当纠纷案，（2017）最高法民申331号

吉某典当公司申请再审称：（一）二审根据《典当管理办法》认定本案属于《中华人民共和国合同法》第五十二条第四项"损害社会公共利益"，适用法律错误。1.《典当管理办法》属于部门规章，不能作为认定合同效力的依据；2."社会公共利益"应指不特定多数人的利益，而本案仅是当事人之间的抵押借贷关系，属于私权处分，与"社会公共利益"无关；3.即使按照二审"本案合同因无抵押而无效"的认定理由，因涉案合同属于有抵押的典当借款合同，签订时即有抵押并办理了登记，履行过程中也签订了"抵押协议"，抵押行为已成立并生效，未办理登记不影响合同效力；4.二审的该项认定与最高法院公报案例（2006）民二提字第10号民事判决的内容相冲突。

---

① 现为自然资源部。
② 此部分内容参见：林文学：《不动产抵押制度法律适用的新发展——以民法典〈担保制度司法解释〉为中心》，引自微信公众号《法律适用》（falvshiyongzazhi），2021年5月17日文章。原文来源《法律适用》2021年第5期。

最高人民法院认为：另，吉某典当公司为支持其主张，提交了最高人民法院（2006）民二提字第10号"陆丰市陆某典当行与陈某平、陈某铭、陆丰市康某奶品有限公司清算小组、第三人张某心土地抵债合同纠纷案"的民事判决。经审查，该案中关于"典当行经营范围有为非国有中、小企业和个人办理质押贷款的业务，是经批准合法成立的金融机构"的认定所依据的法律、法规在本案已不适用。故二审依据《中华人民共和国合同法》第五十二条的规定认定吉某典当公司发放信用贷款的行为无效，适用法律正确"。

在这个案件中，当事人援引了公报案例。该公报案例认为，"向典当行的借款，系各方当事人的真实意思表示且不违反法律规定，应当认定有效并应继续履行"。同时，该公报案例认为，"典当行持有中国人民银行颁发的金融机构法人许可证，其经营范围有为非国有中、小企业和个人办理质押贷款的业务，是经批准合法成立的金融机构"。

在本案中，最高人民法院没有认可该类案的参考价值。理由是该援引案例所称典当行系金融机构所依据的法律、法规在本案已不适用。当然，关于典当行机构性质包括其监管部门的演变，是一个比较具体的问题。

二、是否正形成新的规则

正在形成新的规则包括两种情况，一种是对新问题，正在产生对应的处理规则；另一种是随着情况变化，现有规则正在发生改变。前一种情况比较典型的如无效合同的诉讼时效问题。后一种情况比较典型的如物权法颁布前后的区分原则适用问题。

这个问题，其实质并不是在法律适用层面讨论新法的溯及力问题。《最高人民法院关于适用〈中华人民共和国民法典〉时间效力的若干规定》第二条规定，"民法典施行前的法律事实引起的民事纠纷案件，当时的法律、司法解释有规定，适用当时的法律、司法解释的规定，但是适用民法典的规定更有利于保护民事主体合法权益，更有利于维护社会和经济秩序，更有利于弘扬社会主义核心价值观的除外"。这条司法解释，涉及了新法的溯及力问题。但这是"应然"的角度。

本问题实质是要考虑得到"实然"或者说实际。是指新法在实际上，会对裁判者思路造成影响。形成新的规则的情况下，原则上新的规则不适用于待决案件，但其在实际上又会产生影响。

考虑规则的变化趋势，有时对于具体个案而言极其重要。在规则形成阶段，从实际情况看，采用任何一种方式，都有其合理性和可能性。在法律规则变化阶段，存在适用旧法的合法性，也存在适用新法的合理性。

比如越权担保的民事责任问题。"在债权人非善意的情况下，公司是否应当承担责任以及如果要承担责任应如何承担，存在较大的分歧，主要有三种观点：第一种观点认为，只要公司法定代表人或者授权代表在担保合同上签字，合同上盖有公司印章，该合同就是有效的。""第二种观点认为，没法定代表人签订担保合同的效力不归于公司，公司不应承担任何责任。""第三种观点认为，公司应当承担担保无效的责任"。对此，《全国法院民商事审判工作会议纪要》起草者认为，"我们认为，在纪要没有出台前，根据前述任何一种观点判决的案件都不应认定为错案，这主要还是法官个人的理解问题"[①]。

1. 规则正产生

对于尚无明确现行法律依据的问题，已经产生能代表多数意见或者趋势的规则。主要表现形式为，通过法律草案、司法解释征求意见稿体现；也包括法律已经颁布，但尚未到施行日期等情形。

这种情况往往和新法的溯及力有关。比如物权法颁布前后的区分原则适用问题一度比较混乱。一方面，区分原则经过充分讨论，更加合理；另一方面，其不应当具有溯及力。但是，实践中，相当多案件赋予其溯及力。

在类案识别过程中，尤其是需要注意那些司法解释没有明确规定可以

---

① 最高人民法院民事审判第二庭编著：《〈全国法院民商事审判工作会议纪要〉理解与适用》，人民法院出版社2019年版，第191页。

溯及的情形。

案例 44　海南省现某融资担保有限公司原湖南省安某担保有限公司中信银行股份有限公司长沙分行案外人执行异议之诉纠纷案，（2019）最高法民再 237 号

最高人民法院认为，"但除善意买受人之外，就动产浮动抵押权依法登记后，抵押权人能否对抗嗣后以该抵押财产设立质权的质权人等问题，物权法并无明文规定。本院认为，根据物权法第一百八十九条第一款规定，动产浮动抵押的抵押权自抵押合同生效时设立，故动产浮动抵押权与一般动产抵押权的设立规则相同，即采取登记对抗主义规则。虽然，物权法第一百九十六条规定：依照本法第一百八十一条规定设定抵押的，抵押财产自下列情形之一发生时确定：……（三）当事人约定的实现抵押权的情形……，但其立法目的是保证抵押权人需要行使抵押权时，抵押财产应当是确定的。即该条款主要解决的是抵押权实现时抵押物范围的确定问题，并未将抵押财产的确定与浮动抵押的设立相联结。且从制度功能上看，如果否定浮动抵押登记的效力，将可能导致对抵押财产缺少配套的登记制度保护，不利于推动浮动抵押制度的应用及发展。故同一动产上同时设立质权和浮动抵押权，应当参照适用物权法第一百九十九条的规定，根据是否完成公示以及公示先后情况来确定清偿顺序。具体到本案中，中信银行长沙分行的抵押权于 2013 年 7 月 3 日办理了动产浮动抵押登记，依法产生对抗效力。而现某担保公司的质权以间接占有（委托长沙豪某仓储服务有限公司监管）的方式于 2014 年 1 月 28 日依法设立。故在本案证据能够证明浮动抵押设定之时的财产描述涵盖了长沙县黄花镇工业园某号的仓库中的纸张的情形下，中信银行长沙分行的浮动抵押权因其登记在先，应当优先于现代担保公司的质权受偿。且根据公示公信原则，现代担保公司作为质权人在设定质权时，应当知道或者实际能够知道诉争质押财产之上已经成立了动产浮动抵押权，在其未尽合理注意义务的情形下，认定其质权劣后于中信银行长沙分行的浮动抵押权受偿，并无交易安全保护不周之虞"。

本案涉及同一动产上设立的浮动抵押权与质权的效力先后问题。二审法院认为，"《最高人民法院关于适用〈中华人民共和国担保法〉若干问题的解释》第七十九条第一款规定，同一财产法定登记的抵押权与质权并存时，抵押权人优先于质权人受偿。在认定某纸业公司质押给某担保公司的质押财产被包括在某纸业公司抵押给某银行长沙分行的抵押财产范围内的情况下，某银行长沙分行应优先于某担保公司对本案纸制品执行款受偿"。

但是，最高人民法院认为浮动抵押是物权法新设立的制度，不可能被担保法规制，前述"法定登记的抵押权"不包括浮动抵押权，二审适用法律错误。最高人民法院经过分析后认为，"故同一动产上同时设立质权和浮动抵押权，应当参照适用物权法第一百九十九条的规定，根据是否完成公示以及公示先后情况来确定清偿顺序"。

就最高人民法院再审判决对"法定登记的抵押权"的解释而言，其指出担保法上的"法定登记的抵押权"是指以担保法第四十二条规定的五类财产设立的抵押权，这五类财产必须办理抵押登记。这种说法并不具有完全的说服力。因为，最高人民法院并没有进一步指出担保法规定了哪些"法定不需要登记的抵押权"；其第四十二条规定"办理抵押物登记的部门如下：……"，显然是针对登记部门作出的规范。

就类案识别而言，该再审判决作出时间是 2020 年 9 月 28 日。而 2020 年 5 月 28 日全国人大通过《中华人民共和国民法典》第四百一十五条规定，"同一财产既设立抵押权又设立质权的，拍卖、变卖该财产所得的价款按照登记、交付的时间先后确定清偿顺序"。对于本案所涉问题予以明确规定。《中华人民共和国民法典》已经颁布，但是不能溯及本案。这种情况就属于对于法无明确规定的问题，已经建立规则，虽无明确规定溯及力，但可对裁判产生影响。

2. 规则正改变

对于所涉问题已经有明确的法律规则或裁判规则，但是，该规则已不适应新的社会经济现实需要，理论和实务产生了比较强烈的改变规则的意见。这种改变倾向，一般也是通过法律草案、征求意见稿，权威刊物登载的权威学者或者最高人民法院重要法官的论述表现出来。

借款合同是比较典型的例子。比如，发生在 2010 年左右的企业拆借，合同可能会被认定为无效，也可以被认定为有效。如果仅是根据当时有效的司法解释来看待问题，不注意企业间拆借司法规则的趋势，不去争取对合同有效的认定，作为出借方往往就存在损失。

案例 45 周某春、庄某中国投资有限公司损害公司利益责任纠纷案，(2019) 最高法民终 1679 号

本案中，一审裁定认为在湖南汉某公司没有监事的情况下，周某春应向湖南汉某公司董事会提起诉讼申请，在董事会拒绝后方能以自己名义提起股东代表诉讼，并认定周某春未履行股东代表诉讼的前置程序而起诉不合法，属于适用法律错误。

周某春上诉称，最高人民法院（2015）民四终字第 54 号民事裁定书中指出："如在公司内部组织机构已经失灵，或公司董事、监事均存在给公司造成损失的情况且作为案件被告时，代表公司进行意思表示的机关（董事会、监事会）将不会以公司名义向法院起诉自己，此时应免除股东代位诉讼时的前置程序义务。"湖南汉某公司在未设定监事职务，而湖南汉某公司董事和实际控制人损害公司利益的情况下，考虑到本案被上诉人控制的董事会根本不会提起诉讼的情况下，应免除湖南汉某公司股东提起股东代表诉讼的前置程序，允许周某春直接提起股东代表诉讼。判例显示，可以不履行前置程序，即使要履行前置程序，周某春已经向湖南汉某公司监事周某科提出了申请。

庄某中国公司等答辩称：周某春提起本案诉讼应当以穷尽内部救济手段为前提，本案情形不适用最高人民法院在个案中的意见，根据相关法律明文规定以及大量最高人民法院司法判例认定，周某春未履行股东代表诉讼前置程序属于依法应当驳回起诉的情形。首先，在最高人民法院（2015）民四终字第 54 号案件中，已强调《中华人民共和国公司法》第一

百五十一条关于设定股东代位诉讼的前置程序。其次，最高人民法院（2015）民四终字第 54 号案件的特殊情形在于该公司三名董事分别是原、被告，因此该案已经不可能通过董事会形成多数意见以实现权利救济。然而本案中，湖南汉某公司董事会有五名董事，周某春起诉李某慰、彭某杰，仍可通过获得庄某农、李某心的支持而形成多数董事会表决意见以提起诉讼，可见周某春显然没有穷尽公司内部救济。再次，最高人民法院（2015）民四终字第 54 号案件中，该案原告在起诉前已经采取了以法定代表人名义提起诉讼被驳回等救济程序，该案法官系结合整体案件情况，才认为该案原告已经穷尽所有救济途径，本案不存在此种情形。最后，该案并非指导案例或公报案例，只能作为参考，不能作为认定案件的依据。大量判例均强调公司纠纷中司法应持有限介入原则，审判权在介入公司纠纷前，应当首先穷尽内部救济，当股东能够通过自身起诉的途径获得救济时，不应提起代表诉讼。

最高人民法院认为，一般情况下，股东没有履行前置程序的，应当驳回起诉。但是，该项前置程序针对的是公司治理的一般情况，即在股东向公司有关机关提出书面申请之时，存在公司有关机关提起诉讼的可能性。如果不存在这种可能性，则不应当以原告未履行前置程序为由驳回起诉。

最高人民法院支持了上诉请求，裁定高院审理本案。

这个案例体现了规则变化对提供类案的影响。上诉人提出了最高人民法院类案，被上诉人比较详细地辨析，指出不应参考。这个案件的焦点为是否应履行前置程序，或者说驳回起诉是否正确。按照公司法规定，股东代表诉讼应当履行前置程序。但是，不加区别的要求履行前置程序，有时候并无必要，也不合理。2005 年最高人民法院在个案中提出有的情况下可以不履行前置程序。2019 年 11 月 8 日发布的《全国法院民商事审判工作会议纪要》第二十五条指出，"但是，该项前置程序针对的是公司治理的一般情况，即在股东向公司有关机关提出书面申请之时，存在公司有关机关提起诉讼的可能性。如果查明的相关事实表明，根本不存在该种可能性的，人民法院不应当以原告未履行前置程序为由驳回起诉"。变更了前置程序相关规则。

而前述"庄某中国公司案"二审作出时间是 2019 年 9 月 27 日。二审认为，"一般情况下，股东没有履行前置程序的，应当驳回起诉。但是，该项前置程序针对的是公司治理的一般情况，即在股东向公司有关机关提出书面申请之时，存在公司有关机关提起诉讼的可能性。如果不存在这种可能性，则不应当以原告未履行前置程序为由驳回起诉"。可以说体现了这个规则变化，其对于被上诉人指出的各种不应参考的说法不予直接回应。

第六章　案件事实方面的差异

判决中排斥类案参考适用时，一般指出该案与本案基本事实有重大不同。这个基本事实，就是案件事实。查阅案例时，首先注意的是"本院认为"部分，关注法律适用方面。但是，事实本身才是基础。而且从案件事实方面入手，比较容易发现其中的不同。

案例46　刘某艳与周某方、河北融投担保集团有限公司等案外人执行异议之诉案，（2018）最高法民终462号

刘某艳上诉称，"二、一审判决适用法律错误……2.最高人民法院2015民一终字第150号判决对本案具有借鉴和指导意义。该判决作为司法判例与本案高度相似：案涉执行对应的债务形成时间、具体内容以及诉争房屋所有权都是根据离婚协议约定不属于不动产登记簿上载明之人，诉争房屋也属于婚姻关系存续期间的夫妻共同财产。参考该案例，本案中刘某艳对诉争房产所享有的权利能够阻却执行"。

周某方辩称，"四、最高人民法院2015民一终字第150号判决（以下简称150号案件）与本案不具有关联性，不应作为本案定案参考。150号案件是个案，不能上升为普遍适用规则。从成立时间上看，150号案件中债务形成时间同离婚时间相隔14年，可以合理排除恶意串通逃避债务的主观嫌疑，本案中郑某参与债务时间与离婚时间相隔最长不到一年。从物权形成时间上看，150号案件诉争房屋是夫妻关系存续期间合法建造产生，不用办理产权登记即可享有物权，本案诉争房屋系买卖取得，只能依据产权登记判断。从占有事实看，150号案件中诉争房屋一直由异议人占有、

支配和使用，本案诉争房屋一直由郑某及其父母居住。从权利性质上看，150号案件诉争房屋自建造完成之日夫妻双方取得所有权，未经登记即可主张物权请求权，本案中刘某艳取得的仅仅是债权请求权"。

最高人民法院二审认为，"本案的基本案情与最高人民法院2015民一终字第150号案件所认定的事实具有高度相似之处，基于相类似案件作相同处理的内在裁判要求，本案亦作与该案相同的裁判，认定刘某艳对案涉房产享有足以排除强制执行的民事权益"。最高人民法院据此改判停止执行。

在这个案件中，上诉人提出了参考的类案，并且指出与本案在多个方面存在"高度相似"，包括：案涉执行对应的债务形成时间、具体内容以及诉争房屋所有权都是根据离婚协议约定不属于不动产登记簿上载明之人，诉争房屋也属于婚姻关系存续期间的夫妻共同财产。被上诉人则从成立时间、物权形成时间、占有事实等多个方面分析存在不同。最高人民法院认为两案"事实具有高度相似之处"。但是，最高人民法院并没有说明为何在本案中以上诉人提出的方面来确认两案具有相似性。

这说明，案件之间事实差异是广泛存在的，关键是找出那些能够影响裁判的不同点。这需要结合具体的法律规则，以对整个案件综合判断把握为基础。

本章主要从当事人、主观状态、标的物状况、履行情况及案外因素等角度，讨论事实方面的差异。

第一节　案件事实的类型特征

案件事实纷繁芜杂，不存在完全相同的案件，分析案件事实方面的相似性，要对事实进行分类处理，掌握其特征。

案件事实可以分为属于法律规则适用要件的事实、影响裁判的事实和其他事实。检索案例时容易遗漏有关事实，重要的案件事实往往存在于裁判理由之中，裁判文书对案件事实的呈现，往往受制于对法律规则的理解。

一、案件事实的类型

应先对案件事实基本分类，避免陷入烦琐的无意义比对。

对于案件事实，可以做以下分类：

其一，属于法律规则适用要件的事实。涉及具体法律规则、裁判规则的适用前提或者构成要件。诸如主体身份、行为要件等。在类案参照时，这类事实一般属于前提性参照相似，相对而言比较容易发现。

法律或司法解释条款不清晰具体，对其理解存在争议时，这类事实也属于查找或识别的关键。

其二，属于实践中影响裁判的事实。这类事实是类案识别的关键。如何找出或者识别这些事实，需要对法律、对实践更深刻的理解，对具体个案更全面的把握。本部分主要讨论的事实就是这种情况。

其三，属于其他事实。这部分事实可能也会用大量的证据予以证明，但在实质上对裁判结果并无影响。没有事实方面完全一致的两案，有些事实方面的差异确实是无关紧要的。

二、案件事实的特征

理解案件的特征，有助于进行类案的查询、识别。案件事实具有以下特征：

其一，案件事实的呈现、查阅，主要受制于对法律规则的理解，也受争议焦点的影响。裁判文书对案件事实的呈现，受制于裁判者对法律规则的理解，同样地，在查询案例时，对其中的事实部分关注，也受对法律规则的理解。往往只是呈现、查询自认为相关的或者重要的事实。此外，双方未对某问题形成争议，则相关的事实就不会被呈现。

在前述第二章分析法官会议类案例提及此问题。裁判者有意无意过滤了相关事实，但这些事实对于其他裁判者判断是否参考时可能具有意义。

因此，在查询案例时，除全面分析案例外，应按照前述案件关联检索方法，查询更多的相关信息。

案例47 四川省国某建筑工程有限公司与哈某花、银川博某房地产开发有限公司申请执行人执行异议之诉案，(2020) 最高法民终1127号

一审法院认为，按照《执行异议和复议规定》第二十九条规定，符合下列情形的，应当支持商品房消费者的请求：一是在人民法院查封之前已签订合法有效的书面买卖合同；二是所购商品房系用于居住且买受人名下无其他用于居住的房屋；三是已支付的价款超过合同约定总价款的50%。该案中，博某公司与哈某花于2017年5月16日签订《三沙源项目认购意向书》，双方就房屋面积、付款方式、单价、总价款等具体事项进行了明确约定，该意向书具备了《商品房销售管理办法》第十六条规定的商品房买卖合同的主要内容，也符合《最高人民法院关于审理商品房买卖合同纠纷案件适用法律若干问题的解释》第五条之规定，且哈某花已向博某公司付清全部房款，意向书已经实际履行，《三沙源项目认购意向书》应视为商品房买卖合同。一审法院于2019年5月10日对案涉房屋进行保全查封，即在人民法院查封之前哈某花已与博某公司签订了合法有效的书面买卖合同。对于"买受人名下无其他用于居住的房屋"的问题，应结合买受人购房目的、房屋所处区域等综合考虑，一般应理解为买受人名下在与案涉房屋同一设区的市和县级行政区（不包括设区的市的"区"）无其他用于居住的房屋。从哈某花提交的证据《永宁县居民家庭无住房登记证明表》《宁夏回族自治区个人房产备案信息查询证明》可以证明，哈某花名下在与案涉房屋同一县级行政区（永宁县）无其他用于居住的房屋。同时，案涉房屋系用于居住的商品房，哈某花已经付清案涉房屋的全部房款。哈某花的执行异议符合《执行异议和复议规定》第二十九条规定的情形。综上所述，国某公司请求准许执行三沙源某花园房屋的诉讼请求，缺乏事实和法律依据，一审法院不予支持。一审法院判决：驳回原告国某公司的诉讼请求。

最高人民法院认为：本案的争议焦点是：一、买受人名下有无其他居

住房屋以及相关法律适用问题；二、应否批准国某公司的调查令申请。

对于争议焦点一，该问题关系哈某花的相关权利是否能够足以排除执行以及国某公司关于执行异议的诉请能否成立。国某公司认为案涉房屋位于银川市永宁县，该县系银川市管辖的一个县级行政区，哈某花在银川市有住房的情况下又购买了案涉房屋的事实与《执行异议和复议规定》第二十九条第二项规定情形不符。经一审法院查明，哈某花在人民法院查封之前已签订合法有效的书面买卖合同；已交付的价款超过合同约定总价款的50%，对于上述认定国某公司未予上诉，本院对该情形予以确认。对于"买受人名下无其他用于居住的房屋"的认定，一审法院根据所购房屋系商品房的性质以及永宁县房产交易管理中心出具的永宁县范围内无住房证明等证据，综合认定哈某花名下在与案涉房屋同一县级行政区无其他用于居住的房屋，该认定未考虑哈某花夫妻共有房产情况，未将哈某花在银川市内已有住房情况考虑在内，存在不妥。本院根据二审中查明的哈某花配偶名下在银川市已有居住房屋且哈某花与其配偶共同居住的事实，对一审上述认定予以纠正。

对于争议焦点二，国某公司认为执行听证笔录中哈某花陈述其在银川市金凤区有两套住房的情况，其就此向一审法院申请出具调查令未果，故向本院再次申请。本院认为，《最高人民法院关于适用〈中华人民共和国民事诉讼法〉的解释》第九十五条规定，当事人申请调查收集的证据，与待证事实无关联、对证明待证事实无意义或者其他无调查收集必要的，人民法院不予准许。本案中，根据哈某花二审中提交的银川市不动产登记事务中心查询记录以及其个人在执行异议和本案二审中的陈述，表明哈某花虽在银川市范围内无个人住房备案信息，但位于银川市某区的住房登记在哈某花配偶名下并由其与家人共同居住，对哈某花及其配偶住房情况已无调查收集必要，故本院不批准其调查申请。综上，哈某花虽与博某公司签订了房产认购协议并缴纳全部房款，但其在银川市内已有住房，本案情形不符合《执行异议和复议规定》第二十九条规定，故国某公司关于本案的上诉请求成立，应予支持；一审判决认定事实不当，适用法律不准确，应予纠正。

这个案件，法律依据是《执行异议和复议规定》第二十九条，对此各方均无异议。该条规定，符合下列情形的，应当支持商品房消费者的请求：一是在人民法院查封之前已签订合法有效的书面买卖合同；二是所购商品房系用于居住且买受人名下无其他用于居住的房屋；三是已支付的价款超过合同约定总价款的 50%。这类案件，通常都是针对构成要件陈述、分析事实。

对于"买受人名下无其他用于居住的房屋"，一审法院认为，应结合买受人购房目的、房屋所处区域等综合考虑，一般应理解为买受人名下在与案涉房屋同一设区的市和县级行政区（不包括设区的市的"区"）无其他用于居住的房屋。一审法院认定，哈某花名下在与案涉房屋同一县级行政区（永宁县）无其他用于居住的房屋。

但是，最高人民法院二审认为，"该认定未考虑哈某花夫妻共有房产情况，未将哈某花在银川市内已有住房情况考虑在内，存在不妥"。最高人民法院根据哈某花配偶名下在银川市已有居住房屋且哈某花与其配偶共同居住的事实，对一审上述认定予以纠正。

两级法院判断差异，显然是对"买受人名下无其他用于居住的房屋"的理解认识差异造成的。当然，法院依据的事实也是当事人或代理人基于对法律条款的认识，而向法院提供的。最高人民法院二审时提及，"哈某花在执行异议程序中承认银川市某区的住房由其与配偶共有并且共同居住，登记在其配偶名下"。该事实实际上成为最高人民法院判决的重要依据。

其二，重要的案件事实往往存在于裁判理由中。

对于案件事实，一般习惯从"本院查明"部分寻找。但是，裁判理由、各方诉辩都包含了案件事实。尤其是裁判理由中包含的事实，对于处理结果有重要的影响。

二审法官或再审法官，往往要求当事人指出对原审查明部分有何异议、补充。判决书往往在查明部分仅是摘抄双方认可的合同内容，导致查明部分不存在争议。而对于有争议的事实，包括对争议的证据如何认定，则在本院认为部分予以综合评判。

在前述第一章相似性的初步判断中，提及对具有"裁判要点"的类案，要注意要点本身包含的事实前提。正是基于案件事实的这个特征。

第二节　当事人的差异

当事人的经济实力、主观意愿、对裁判结果承受能力或者接受态度，以及在涉案交易中的地位等，往往对裁判产生重要影响。

案例 48　花某县供电有限责任公司、湖南金某电力集团股份有限公司与中国长城资产管理股份有限公司湖南省分公司等金融借款合同纠纷案，（2021）最高法民申 3160 号

花某县供电有限责任公司申请再审称：二审法院对花某县供电有限责任公司提供的类案检索案例，没有给予任何回应或者释明。

最高人民法院认为：关于花某县供电有限责任公司申请再审主张二审判决未对其提供的（2014）最高法民申 1854 号、（2019）最高法民申 1655 号和（2020）最高法民申 4376 号类案检索案例予以回应或释明的问题。经查，前述三案中发布催收公告的系不良贷款的受让人，而非不良贷款的初始转让人（银行），且均为一般民事主体，亦非金融资产管理公司，人民法院依法认定所涉催收公告不能产生诉讼时效中断的效力；而本案争议的问题是作为不良贷款转让人的农行湘西分行发布的催收公告是否具有诉讼时效中断的效力，与前述三案的基本事实并不相同，不具有类案比较的基础。

在这个案件中，当事人提供了几则类案，二审法院没有予以回应。最高人民法院认为，针对时效是否中断这个问题，当事人提供的案例，发布

催收公告的系不良贷款的受让人，而本案不良贷款转让人发布公告。由于行为人的不同，导致不具有参考价值。

本节主要从当事人有无特别的行为规范、是否具有不同一般的认知能力方面，分析类案参考时应注意的方面。

一、有无特别的行为规范

对于主体资格的规定，比如市场准入、经营许可等方面，往往涉及构成要件的完备与否，直接和法律规则的适用相关。这里对当事人方面的考虑，主要是指法律、行政法规，更多的时候是监管部门、行业协会，对所涉主体有无特别的监管政策、行为规范。

这种对于交易主体特殊的监管政策要求，多针对专业较强，直接关系社会、经济、金融稳定的主体，一般存在于部门规章（尤其是金融监管部门）、行业协会的规则中。

案例49　杨某国因与林某坤、常州亚某股份有限公司股权转让纠纷案，（2017）最高法民申2454号

最高人民法院认为：（二）关于诉争协议之法律效力。诉争协议即为上市公司股权代持协议，对于其效力的认定则应当根据上市公司监管相关法律法规以及《中华人民共和国合同法》等规定综合予以判定。首先，中国证券监督管理委员会颁布的《首次公开发行股票并上市管理办法》第十三条规定："发行人的股权清晰，控股股东和受控股股东、实际控制人支配的股东持有的发行人股份不存在重大权属纠纷。"《中华人民共和国证券法》（2014年）第十一条规定："设立股份有限公司公开发行股票，应当符合《中华人民共和国公司法》规定的条件和经国务院批准的国务院证券监督管理机构规定的其他条件"。第六十三条规定："发行人、上市公司依法披露的信息，必须真实、准确、完整，不得有虚假记载、误导性陈述或者重大遗漏。"中国证券监督管理委员会颁布的《上市公司信息披露管理办法》第三条规定："发行人、上市公司的董事、监事、高级管理人员应

当忠实、勤勉地履行职责，保证披露信息的真实、准确、完整、及时、公平。"根据上述规定等可以看出，公司上市发行人必须股权清晰，且股份不存在重大权属纠纷，并且公司上市需遵守如实披露的义务，披露的信息必须真实、准确、完整，这是证券行业监管的基本要求，也是证券行业的基本共识。由此可见，上市公司发行人必须真实，并不允许发行过程中隐匿真实股东，否则公司股票不得上市发行，通俗而言，即上市公司股权不得隐名代持……本案杨某国与林某坤签订的《委托投资协议书》与《协议书》，违反公司上市系列监管规定，而这些规定有些属于法律明确应于遵循之规定，有些虽属于部门规章性质，但因经法律授权且与法律并不冲突，并属于证券行业监管基本要求与业内共识，并对广大非特定投资人利益构成重要保障，对社会公共利益亦为必要保障所在，故依据《中华人民共和国合同法》第五十二条第四项等规定，本案上述诉争协议应认定为无效。

对于代持协议而言，一般是有效的，司法解释并没有规定哪些公司的股权不能代持。但在本案中，最高人民法院认为针对上市公司的代持协议，"应当根据上市公司监管相关法律法规以及《中华人民共和国合同法》等规定综合予以判定"。最高人民法院认为该代持协议无效。在本案中，法院就是考虑当事人特殊的行为规范。

二、当事人认知能力

认知能力和教育背景、职业、专业技能、类似交易的经验等密切相关。当事人认知能力，有时候也是构成法律规则适用的要件。如《中华人民共和国民法典》第一千零二十六条规定，"认定行为人是否尽到前条第二项规定的合理核实义务，应当考虑下列因素：（一）内容来源的可信度；（二）对明显可能引发争议的内容是否进行了必要的调查；（三）内容的时限性；（四）内容与公序良俗的关联性；（五）受害人名誉受贬损的可能性；（六）核实能力和核实成本"。这里的"核实能力"可以视为认知能力。"合理核实义务应与核实能力相适应"，"审判实践中，针对不同身份的行为，对其核实能力需要确定不同程度的要求"①。

在审判实践中，对于某些类型案件，最高人民法院也将认识能力的审查上升为裁判规则。如对金融消费者权益保护纠纷案件，《全国法院民商事审判工作会议纪要》第七十八条规定，"卖方机构能够举证证明根据金融消费者的既往投资经验、受教育程度等事实，适当性义务的违反并未影响金融消费者作出自主决定的，对其关于应当由金融消费者自负投资风险的抗辩理由，人民法院依法予以支持"。将过往经验、受教育程度等作为认知能力的重要考察方面。

这里讨论的认知能力，主要是指当事人从事专业工作或者取得专业性资质、有丰富的交易经验，因此，在司法实践中，往往赋予其更多的注意义务，要求其承担更多的责任。

实践中一般可以分两类情况：一是专业机构，二是成熟的商事主体。

1. 专业机构

专业机构如金融机构、中介机构等，一般配备有专门资格的人员、有控制力相对较强的行业协会，在设立上通常需要行业主管部门许可。

由于专业机构通常具有相应的行业规范，在认定其应当承担更重的注意义务时，一般是结合具体的规范，包括监管机构的业务规范、行业协会的业务操作指引等。

案例50 宁夏彭某农村商业银行股份有限公司与齐某银行股份有限公司西安分行等案外人执行异议之诉一案，(2018) 最高法民申5243号

彭某农商行申请再审称，"（二）原判决认为案涉账户不符合《最高人民法院关于适用〈中华人民共和国担保法〉若干问题的解释》（以下简称担保法解释）第八十五条规定的'移交债权人占有'条件，属对法律的错误理解和适用。案涉保证金账户开立在彭某农商行所辖营业部，咸阳地产

---

① 最高人民法院民法典贯彻实施工作领导小组主编：《中华人民共和国民法典人格权编理解与适用》，人法院出版社2020年版，第292页。

彭某分公司作为担保保证金专户内资金的所有权人，无权动用担保保证金专户内的资金，实际也未动用，其对账户内资金使用受到限制。彭某农商行作为债权人取得了案涉保证金账户的控制权，符合出质金钱移交债权人占有的要求。最高人民法院指导案例 54 号（中国农业发展银行安徽省分行诉张某标、安徽长江融资担保集团有限公司执行异议之诉案件）对此类案件作出规范性判决意见，原判决适用法律错误"。

最高人民法院认为，"关于彭某农商行再审申请中提到的公报案例的适用问题。该案例中，债权人与债务人明确约定，未经债权人同意，债务人不得动用该专户内资金。因此，达到了专用账户内资金作为质押的法定条件。而本案中，彭某农商行是专业的金融机构，其对专用账户如何约定、设立、账户内资金的控制、使用应比一般的自然人和法人作为债权人等有更清楚的理解和优势地位，但其在本案中作为债权人并未严格按照规范设立该案涉账户，其也未实际控制该账户，并未达到质权成立的要件。故该公报案例对本案并不适用"。

在本案中，当事人援引 54 号指导案例。最高人民法院认为，本案中，彭某农商行"对专用账户如何约定、设立、账户内资金的控制、使用应比一般的自然人和法人作为债权人等有更清楚的理解和优势地位，但其在本案中作为债权人并未严格按照规范设立该案涉账户，其也未实际控制该账户"。法院从当事人作为专业机构的角度，提出了更高的注意义务和要求，进而指出两案不具相似性，不应适用该指导案例。

2. 成熟商事主体

成熟商事主体，一般表现为公司类主体。它们对经营活动有丰富经验，尤其是多次从事类似交易，也会被赋予更多的义务。

案例 51 许某来与欧某智网股份有限公司、佛山市中某投资有限公司保证合同纠纷案，（2021）最高法民申 4459 号

许某来根据《中华人民共和国民事诉讼法》第二百条第二项、第六项

的规定申请再审，请求：1. 撤销二审判决第一项、第二项，改判为驳回上诉，维持原判。2. 本案一审、二审诉讼费、财产保全费由再审被申请人、原审被告承担。事实与理由：一、原审判决认定事实错误。1. 原审法院逻辑推理错误，结合本案已经查明案件事实，许某来并不"明知"法定代表人超越权限，许某来只是未尽形式审查义务，并不"明知"法定代表人超越权限，也并无主观恶意。2. 欧某公司对保证合同无效存在过错。债务人陈某豪为欧某公司的董事长、法定代表人，田某贞为欧某公司的董事，均是欧某公司自行选任的管理人员，欧某公司对陈某豪代表公司对外从事的行为负有一定的监管责任。保证合同中加盖的欧某公司印章也非伪造，欧某公司对公章的管理存在不足。正因为欧某公司对自身管理人员和公章的管理不到位，导致本案保证合同无效，许某来无法获得债权担保，欧某公司对此负有过错。二、原审判决适用法律错误。原审判决未注明判决适用的实体法。原审判决仅引用了《公司法》第十六条第二款，但是该款是保证合同无效的理由，并非本案保证合同无效后如何承担无效后果的理由，并非原审法院改判适用的法律，事实上，综观判决全文，并未注明判决适用的实体法。本案不应适用《最高人民法院关于适用〈中华人民共和国民法典〉有关担保制度的解释》第九条，应适用担保法解释第七条。

欧某公司提交意见称，一、许某来对欧某公司原法定代表人陈某豪超越权限提供涉案担保系明知，欧某公司不承担担保无效后的民事责任。二、许某来在再审申请书中提及的（2019）粤01民初469号一案的二审判决书恰好证明许某来明知涉案担保必须经董事会、股东大会决议，明知涉案担保系欧某公司原法定代表人超越权限作出。三、欧某公司对担保无效不存在过错，且在许某来明知的情况下，无论欧某公司是否存在过错，欧某公司均不承担担保无效后的民事责任。四、许某来在再审中提交的参考案例与本案情况不同，不具有参考价值。

最高人民法院经审查认为，结合许某来的再审申请事由和原审查明的事实，该案的争议焦点为：欧某公司应否承担担保无效后的民事责任。

2018年3月29日，欧某公司向许某来出具《无限连带责任保证书》时，欧某公司为上市公司，陈某豪为欧某公司的法定代表人，陈某豪是中某公司的股东，中某公司是欧某公司的股东。《公司法》第十六条第二款规定："公司为公司股东或者实际控制人提供担保的，必须经股东会或者股东大会决议。"《中国证券监督管理委员会、中国银行业监督管理委员会关于规范上市公司对外担保行为的通知》① 规定："一、规范上市公司对外担保行为，严格控制上市公司对外担保风险……（五）上市公司董事会或股东大会审议批准的对外担保，必须在中国证监会指定信息披露报刊上及时披露，披露的内容包括董事会或股东大会决议、截止信息披露日上市公司及其控股子公司对外担保总额、上市公司对控股子公司提供担保的总额……"欧某公司向许某来出具《无限连带责任保证书》应经股东大会决议并及时披露。许某来作为上市公司的实际控制人，应当熟知上述规定，亦应熟知查询相关信息的公开渠道。故原审法院认定许某来对陈某豪超越权限出具《无限连带责任保证书》的事实是明知的并无不当。既然许某来明知，就失去了让欧某公司承担责任的法律基础，原审法院判令欧某公司不承担《无限连带责任保证书》无效后的民事责任，亦无不当。

在这个案件中，许某来申请再审，称并不"明知"法定代表人超越权限，许某来只是未尽形式审查义务，并不"明知"法定代表人超越权限，也并无主观恶意。同时援引了类案。最高人民法院认为，"许某来作为上市公司的实际控制人，应当熟知上述规定，亦应熟知查询相关信息的公开渠道"。显然，在本案中，当事人的职业经历，使法院确信其应当知悉系越权作出的担保。其提供的类案与本案具有不同。

值得注意的是，这种基于当事人认知能力的注意义务，贯穿整个交易或者纠纷过程，包括合同的订立、履行、违约救济等。

---

① 已失效。

案例 52　烟台泰某置业有限公司海某市自然资源和规划局建设用地使用权出让合同纠纷案，（2019）最高法民终 977 号

最高人民法院认为：关于泰某公司主张的可得利益损失，一方面，其未提交证据证明，自然资源和规划局亦不予认可；另一方面，即便其主张的可得利益损失客观存在，但其作为专业的房地产开发公司，在土地不能交付、案涉合同约定的解除条件早已具备的情况下，长达六年时间未行使合同解除权，对该损失的造成也存在过错。因此，一审法院对泰某公司主张的可得利益损失未予认定和支持，并无不妥。本院对其该项上诉请求，亦不予支持。

在这个案件中，泰某公司提出上诉称，"如本案合同正常履行，该项目获利可达 5 亿元以上，一审判决对预期可得利益不予认定，是错误的。案涉土地的出让价格已由当初每亩约 40 万元升至目前 180 万元，一审判决不但没有让违约者受到违约惩罚，反而获利近 3 亿元"。一审法院对预期利益部分，认为证据不足不予支持。二审维持原判，但在理由方面增加了上诉人系"专业的房地产开发公司"应及时解除合同予以止损的论述。

3. 在交易中的地位

有关当事人在交易中的地位、作用，包括参与交易的原因、积极性和主动性，与涉案标的物的关系等方面。

案例 53　赵某明与三河市福某艺术发展有限公司纠纷案，（2019）最高法执监 172 号

最高人民法院认为：但公认的是，无论是执行回转，还是对执行行为进行纠正，其所带来的法律后果是一致的，那就是申请执行人返还已取得的财产及其孳息。本案中，廊坊中院系基于追加刘某常、刘某忠为被执行人的裁定，才依法对设备公司的土地使用权及地上附着物予以拍卖。现该追加裁定已被河北省高级人民法院撤销，即据以执行刘某常的法律文书被人民法院撤销，廊坊中院理应依当事人的申请或依职权作出执行回转裁定或对拍卖行为进行纠正,责令申请执行人返还已取得的财产及其孳息。基于追加刘某常、刘某忠为被执行人的裁定,申请执行人福某公司取得的财产为拍卖的设备公司的土地使用权及地上附着物。虽然福某公司系通过人民法院的司法拍卖竞得设备公司的土地使用权及地上附着物,理应维护竞买人的权益。但考虑到福某公司系本案申请执行人的特殊地位,且涉案土地使用权及地上附着物被拍卖后,福某公司只是办理了产权过户手续,取得了财产所有权,但并未实际占有该财产,该财产一直由刘某常及家人实际占有等实际情况。廊坊中院撤销拍卖及拍卖成交裁定,要求福某公司返还取得土地使用权,并无不当。

在本案中,最高人民法院认为据以执行的法律文书被撤销,应当执行回转;但是对于通过司法拍卖取得财产的竞买人,应当维护其权益。这是一般规则。但是,"考虑到福某公司系本案申请执行人的特殊地位",加之没有转移占有,其虽然通过司法拍卖取得所有权,也应返还。

第三节　主观状态的不同

当事人的主观状态,有时候也影响判决。这里的主观状态,包括在纠纷产生、矛盾激化方面的态度,在诉讼过程中是否诚信等,贯穿整个纠纷始终。

这里的主观状态,并不等同法律和司法解释规定的过错。作为法律规则构成要件的过错,从程度上划分,包括一般过失、重大过失和故意。如前述第三章引用的案例"某技术公司与某房地产公司申请诉前财产保全损害责任纠纷案"([2019]最高法民再252号),对过错的判断,是一个典型的交织了事实认定和法律适用的问题。主观状态主要还是个事实或者证据问题,仅需要从援引案例的案情中寻找,或者就待决案件针对性提供相关证据。

本节主要从诉讼之前的双方争议过程、以及诉讼过程分阶段分析当事人的主观方面。

一、纠纷过程中的主观方面

在纠纷的产生、矛盾扩大以致成讼的过程中，要考虑各方当事人的主观情况。引发纠纷或者任由纠纷扩大化的一方，会被酌定承担更严重的责任。

案例 54 邓某根与黎某辉等合伙协议及船舶共有纠纷案，（2020）最高法民申 6429 号

邓某根申请再审称：（一）二审判决未对遭受严重损失的邓某根给予任何补偿和救济，显失公平。黎某辉非法私扣船舶，致使经营被迫中止，邓某根因此遭受收益损失并产生取回船舶费用和维护成本，二审判决黎某辉无需赔偿邓某根任何损失是错误的。（二）二审判决错误认定邓某根对船舶停运损失承担80%责任。黎某辉单方故意做出非法扣船的行为，在其故意实施违法行为的情况下，应当承担全部责任，不存在过错比例分摊。现有证据表明，邓某根在分红争议中无过错，所谓未按约定分配利润损害黎某辉权益的说法缺乏依据。邓某根与黎某辉进行了三次对账，邓某根同意向黎某辉支付分红5万元，生效判决认定黎某辉应得分红65131元，与5万元基本相当，说明邓某根并未造假，分红争议系黎某辉无中生有。

最高人民法院经审查认为，针对邓某根申请再审，本案需要审查的问题为：二审判决对于案涉责任分担以及邓某根主张的各项损失的认定是否存在缺乏证据证明和适用法律错误的情形。

一、关于责任分担问题

本案中，邓某根主张船舶停航纯粹是由于黎某辉单方扣船的行为造成的，对于因停航产生的各项损失、费用应由黎某辉承担全部责任，二审判决双方按照出资比例进行分担不当。根据一、二审法院查明的事实，邓某根未依照协议约定按月分配经营利润，其行为损害了黎某辉的合法权益，导致黎某辉强行开走船舶无法继续经营，之后双方又未就船舶恢复运营达

成一致，导致停航状态持续延长，上述局面的产生和持续并非出于一方当事人的原因，双方当事人对此均有过错。二审法院综合考虑停航事件的起因、经过、双方处置的主观状态，酌定停航造成的损失由双方按出资比例承担并无不当，对于邓某根要求黎某辉承担全部责任的主张不应支持。

二、关于邓某根主张的各项损失

邓某根反诉请求判令黎某辉赔偿自2018年2月18日起至2018年9月30日止的营运损失及利息并支付取回船舶的费用和船舶维护成本。关于取回船舶的费用和船舶维护成本，对于相关费用的产生双方均有过错，二审判决按照双方责任比例部分支持了邓某根关于取回船舶费用和船舶维护成本的主张，并无不当。关于营运损失，邓某根主张的2018年2月18日至2018年9月30日期间的营运损失是其设想与先某公司签订的运输合同如约履行完毕后的预期利润损失，二审法院综合考虑双方过错，认定邓某根主张由黎某辉对停航期间的损失承担全部责任并按照正常经营期间的平均利润赔偿预期利润损失的诉讼请求缺乏事实及法律依据，并无不当。

本案中，最高人民法院认为，"二审法院综合考虑停航事件的起因、经过、双方处置的主观状态"，处理正确。

第166号指导案例"北京隆某伟某贸易有限公司诉某城建重工有限公司合同纠纷案"，裁判要点为，"当事人双方就债务清偿达成和解协议，约定解除财产保全措施及违约责任。一方当事人依约申请人民法院解除了保全措施后，另一方当事人违反诚实信用原则不履行和解协议，并在和解协议违约金诉讼中请求减少违约金的，人民法院不予支持"。该判生效判决理由认为："城建重工公司在诉讼期间与隆某贸易公司达成和解协议并撤回上诉，隆某贸易公司按协议约定申请解除了对城建重工公司账户的冻结。而城建重工公司作为商事主体自愿给隆某贸易公司出具和解协议并承诺高额违约金，但在账户解除冻结后城建重工公司并未依约履行后续给付义务，具有主观恶意，有悖诚实信用。"当事人的主观恶意，系该判决的重要考量因素。

在"陈某长、陈某因与何某、贵州盛某龙门置业有限责任公司股东出资纠纷案"（［2020］最高法民再232号）中，最高人民法院认为"陈某长在自身融资能力有限的情况下，放任商业风险，造成与多个合作主体订立合同又无法履约的后果，引发本案诉讼"。决定，一审、二审全部诉讼费用，均由陈某长单方负担。

在知识产权纠纷中，考虑主观方面更为常见。如"河北神某橡塑制品有限公司与河北神某保温建材集团有限公司侵害企业名称（商号）权纠纷案"（［2018］最高法民申3788号），针对当事人提供的检索案例，最高人民法院认为，"经本院审查，神某橡塑公司提供本院参考的相关案例与本案事实并不相同，特别是本案不属于本院相关案例所提及的'在后注册的经营者不具有主观恶意'的情形，故两案不具有同案同判的事实基础"。在本案中，主观方面成为重要的识别因素。

二、诉讼过程中是否诚信

在纠纷处理过程中，尤其是在诉讼过程中的主观状态也是重要的事实方面的因素。主要是，其一，在证据的获得、提供上，是否存在不诚信。包括是否存在故意提供残缺的证据、无正当理由拖延举证等。其二，是否存在滥用诉讼权利。包括以明显不合适的理由提出管辖异议、回避申请，提出无实质意义的鉴定请求等。其三，对明显成立的事实予以否认或者对明显不成立的事实予以认可。如对署本人名字的文件不认可其真实性，又提不出合适理由等情形。

案例55 易某娥与卢某春等借款合同纠纷案，（2018）最高法民再213号

易某娥申请再审，请求依法改判或发回重审，支持易某娥无需承担偿还债务责任的主张。主要理由：一、易某娥在本案一、二审中均提出其与卢某建早已离婚。易某娥家中保险柜曾于2015年5月被盗，存放在保险柜中的离婚证因此丢失，且当时办证的基层民政部门也因撤区并乡等行政区

域管理变化等原因找不到原始档案，导致易某娥无法举证证明已离婚的事实。二、二审判决后，易某娥多次申请公安机关协查保险箱中被盗窃的物件，公安机关也为此出具了相关证明。后经易某娥要求，卢某建终于找到1993年的离婚证并提供给易某娥，该离婚证证明易某娥与卢某建1993年8月20日已离婚。2017年6月，娄星区民政局依申请亦向易某娥补发了字号为BL431302-2017-××××××的离婚证。而案涉债务均发生在2012年3月之后，不属于易某娥、卢某建婚姻关系存续期间的夫妻共同债务。卢某春以卢某建与易某娥系夫妻关系，案涉债务发生在夫妻关系存续期间为由，主张易某娥应对卢某建的债务承担连带责任，不应予支持。

最高人民法院认为：综合各方当事人的诉辩意见，本案再审的争议焦点为卢某建在本案中的债务是否属于其与易某娥的夫妻共同债务，易某娥应否对此承担连带责任。

本案中，卢某春主张易某娥应对卢某建在本案中的债务承担连带责任的理由为易某娥与卢某建系夫妻关系，案涉债务发生在夫妻关系存续期间，卢某建作为合伙人应承担的责任属于夫妻共同债务，故易某娥应对该债务负连带清偿责任。而易某娥则主张其与卢某建早在1993年间已经办理离婚登记，本案债务系2012年之后形成，不属于夫妻关系存续期间的债务。由此可见，判断易某娥应否对案涉债务承担连带责任的关键，是对卢某建与易某娥之间是否在本案债务形成前已经解除婚姻关系作出认定。

娄底市中级人民法院（2018）湘13行终10号行政判决，撤销了娄底市娄星区民政局于2017年6月15日为易某娥补发的BL431302-2017-××××××号离婚证及2017年7月12日为卢某建补发的BL431302-2017-××××××号离婚证，理由是婚姻登记机关在补发证时没有对易某娥提交的原始离婚证件进行核实，也没有对婚姻登记档案进行查证，且易某娥提交的加盖有"娄底市石井乡人民政府"印章的1993年离婚证，经鉴定亦与当时使用的印章不符，故2017年补发离婚证的行政行为认定事实不清、基本证据不足、程序违法。可见，易某娥于本院再审审查时提交的该新证据已不足以证明其与卢某建在本案债务形成前已经解除婚姻关系的事实。就易某娥在再审审理期间又向本院提交的1994年离婚证能否作为认定其夫妻关系在案涉债务形成前已经解除之新证据的问题，本院综合评判如下：

一般而言，公文书证系具有公共信用的公共管理机关在行使公权力的过程中在其职权范围内按照法定程序或方式做成，通常具有较强的证明力。易某娥在再审审理中提交的1994年离婚证，应当首先推定为真实有效，如对方对该离婚证真实性有异议，应当由异议方承担举证责任。但从本案的实际情况来看，易某娥应当对1994年离婚证的真实性进一步承担举证责任。首先，易某娥在再审申请阶段提交的1993年离婚证已经鉴定证明加盖的公章与同期使用的印章不相符，且生效的行政判决亦撤销了2017年向易某娥补发的离婚证，娄底市娄星区民政局也否认其在1993年8月20日向易某娥发放过离婚证，娄星区石井镇民政室还出具了卢某建、易某娥在该镇民政室无离婚档案的《情况说明》。在1993年的离婚登记未经证实的情况下，基于1993年的离婚登记所补领的1994年离婚证自难以确认。有鉴于此，卢某春对1994年离婚证的真实性产生怀疑具有合理性，易某娥应负有进一步承担证明该书证真实性的义务。其次，从娄底市娄星区石井镇民政室两次就卢某建、易某娥离婚登记事宜出具的《情况说明》来看，在1994年离婚证的发证部门亦不能证实卢某建、易某娥有离婚登记档案的情形下，该1994年离婚证亦不宜认定为具有公文书证的性质。再次，易某娥在另案诉讼中从未主张其与卢某建已经离婚，反而一直承认其与卢某建系夫妻关系。冷水江市人民法院（2014）冷民二初字第178号案件中，虽然卢某建未参加该案诉讼，但从其参与执行和解且对判决不持异议的情况看，易某娥与卢某建对双方直至2014年仍为夫妻关系并无异议。娄底市中级人民法院（2017）湘13执异20号案件所涉及的事实中，易某娥、卢某建以夫妻名义作为出卖人与聂某辉、谢某军夫妇作为买受人于2011年10月12日签订一份《购房协议书》。易某娥作为该案件当事人，对《购房协议书》显示其与卢某建为夫妻关系并无异议。最后，易某娥主张其本人所持有的

1993 年离婚证遗失后补办了 1994 年离婚证，同时又提出 2015 年 5 月 3 日其家中被盗时存放在保险柜中的离婚证（1993 年）丢失。并且，在本案再审审查阶段之前以及另案行政诉讼当中，易某娥一直未提供 1994 年离婚证，而在卢某建提供给易某娥的 1993 年离婚证被证伪之后，易某娥随即在本案再审庭审中提交 1994 年离婚证。易某娥未能对 1993 年离婚证先后两次遗失作出合理解释，且 1993 年离婚证和 1994 年离婚证交替出现亦不合常理。综合考虑易某娥在本案中存在不诚信诉讼的行为，有关民政部门未有其离婚登记档案，加之其在另案诉讼中对法院认定或证据显示其与卢某建仍为夫妻关系不持异议，以及离婚证件的办理及出示存在诸多不合常理等情况，易某娥在本案中仅以 1994 年离婚证尚不足以证明其与卢某建于 1993 年离婚。在易某娥未能进一步提供相关证据证明其与卢某建的婚姻关系已经解除的情况下，应当承担举证不能的不利后果。故本院对其再审请求不予支持。

本案中，当事人以二审判决后找到民政局补发了离婚证为由申请再审，认为其 1993 年就已离婚，而所涉债务均发生在 2012 后，不属于夫妻共同债务，其不应承担责任。

本案涉及公文书证真实性的证明责任。最高人民法院提审本案，经过再审审理后，判决维持原判。本案经过法官会议讨论[①]，有观点认为，1994 年离婚证属于国家机关行使公共管理职责过程中形成的公文书证，有国家机关的签章，从离婚证的外在表现和特征看并无瑕疵，符合签章、文件外表等外观条件，可以认为已经完成该公文书证真实性的初步证明责任，对方当事人有异议，应通过鉴定等方法进一步确认该离婚证的真实性。

但本案最终判决没有采纳前述观点，其认为当事人虽然提出离婚证，但法院有理由怀疑其真实性。其主要理由是三个方面，其一是各方证据证

[①] 见最高人民法院第一巡回法庭编著：《最高人民法院第一巡回法庭民商事主审法官会议纪要》，中国法制出版社 2020 年版，第 104 页。

明力判断上；其二是提供证据一方与其提供的其他证据或者诉讼行为是否存在矛盾；其三是当事人是否从事过有违诉讼诚信的行为。第三方面相关的事实是，当事人主张其本人所持有的 1993 年离婚证遗失后补办了 1994 年离婚证；法院查明 1993 年离婚证被撤销，相关行政判决认为其提供虚假材料申请补发离婚证。据此，最高人民法院再审判决认为，其有理由对当事人另行提交的 1994 年离婚证的真实性产生怀疑。可见在本案中，当事人曾经的诉讼不诚信行为，极大影响了法院对证据的认定或对事实的判断。

三、主观状态的其他方面

对于特殊主体的过错方面，以及适用严格责任的争议事项，往往会忽视对主观状态的主张或者说明。

但是基于以下理由，在民商事诉讼过程中的各种类型案件中，都应当重视主观方面。其一，《中华人民共和国民法典》第一条规定，"为了保护民事主体的合法权益，调整民事关系，维护社会和经济秩序，适应中国特色社会主义发展要求，弘扬社会主义核心价值观，根据宪法，制定本法"。诚信是主观状态的重要内容。从立法目的角度来看，各种类型的争议显然都是受此原则约束。当然，具体规则构成上应具体分析。其二，从实践角度来看，各个业务庭室的法官轮岗交流比较频繁。对于经常处理侵权纠纷的法官而言，审查过错或者主观方面是重要的工作，但这些法官也可能承办审理商事纠纷。过往经历难免会对之后的工作产生潜移默化的影响。

1. 合同纠纷中的过错

过错问题对于民商事案件相当重要，考察案件基本事实方面时，一般应明确过错。对于侵权类案件，都会注意过错方面，但是，在合同纠纷以及其他纠纷中，往往会忽视过错方面。

2009 年《关于当前形势下审理民商事合同纠纷案件若干问题的指导意见》第七条规定：人民法院根据合同法第一百一十四条第二款调整过高违约金时，应当根据案件的具体情形，以违约造成的损失为基准，综合衡量合同履行程度、当事人的过错、预期利益、当事人缔约地位强弱、是否适用格式合同或条款等多项因素，根据公平原则和诚实信用原则予以综合权衡，避免简单地采用固定比例等"一刀切"的做法，防止机械司法而可能造成的实质不公平。根据前述司法政策，在涉及违约金调整时，一般也会关注过错，但对一般的合同纠纷，还是会容易受严格责任的影响，忽略过错方面。

在"武汉农村商业银行股份有限公司某支行与徐州市某商贸有限公司等储蓄存款合同纠纷案"（[2016]最高法民再231号）中，最高人民法院认为，"虽然我国合同法就违约责任通常采取严格责任原则，即合同一方当事人因违约给对方造成损失的，如果不能举证证明存在法律规定或合同约定的免责事由，应就其违约给对方当事人造成的损害承担赔偿责任。但是根据公平原则，如果守约方对于损失发生也有过错的，守约方亦应对损害承担相应的责任，并由此扣减违约方的损失赔偿数额"。《最高人民法院关于审理买卖合同纠纷案件适用法律问题的解释》①第三十条规定："买卖合同当事人一方违约造成对方损失，对方对损失的发生也有过错，违约方主张扣减相应的损失赔偿数额的，人民法院应予支持。"法律对其他有偿合同没有规定的，可参照适用买卖合同的有关规定。

案例56 陕西高速集团案，(2016)最高法民申554号

福某家公司申请再审称，"最高人民法院2010年公报（2009）民申字第1068号案的裁判要点为：被告无证据证明违约金过分高于违约给守约方造成的损失，人民法院不应调整。该公报案例明确了举证责任，即违约方要求'变更约定的违约金条'，必须举出相应的事实、证据及理由，否则法院不能主动变更"。

最高人民法院认为，"福某家公司所提供的最高人民法院（2009）民申字第1068号案例，具有对方当事人违约恶意明显且守约方已在诉讼中自

---

① 本解释已于2020年修正。

行调低违约金计算利率等情形，与本案不可类比适用。因此，二审判决对约定违约金进行调整并无不当"。

在这个案件中，当事人援引公报案例，认为违约方没有充分证据不得要求调整违约金。但最高人民法院认为该公报案例不可类比在本案适用，因为该公报案例具有"对方当事人违约恶意明显"的情形。

2. 法人的过错

实践中，对于法人的过错方面比较复杂。一般情况下，仅是概括指出法人存在过错。有些情况下，法人的经办人员是否具有过错，会成为影响裁判的单独的因素。这类纠纷主要是民刑交叉案件，对于专业机构的专业人员也可以予以考虑，因为这些人员更容易被信赖。

案例 57 印某林、中国银行股份有限公司杭州某支行储蓄存款合同纠纷案，（2019）最高法民申 1925 号

印某林申请再审称：即使印某林应当承担责任，也应按照之前最高人民法院对类似案件的裁判，判决存款人承担微小责任，而非二审认定的 30% 的次要责任。在（2017）最高法民再第 174 号民事判决书中，存款人同样轻信犯罪分子的引诱，收取了额外存款补偿，且存在本案中印某林没有的其他过错，最高人民法院判决银行承担 99% 责任，储户只承担 1% 责任，理由是银行对客户存款负有安全保护义务，违反这一合同义务就应承担赔偿责任，而不论客户存款的识别能力，更没有将客户存款前的问题代入因果关系中，同案理应同判，且最高人民法院的判例对于各省高级人民法院有指导性效力。即使二审把印某林的所谓"过错"纳入因果关系进行裁判是正确的，印某林的责任也非承担 30% 的次要责任，而是微小责任，承担绝大部分责任的应是银行，否则严重不公正。

最高人民法院认为：印某林在再审申请中提出的（2017）最高法民再第 174 号案例与本案存在差异，该案中关于储户和银行的过错比例分担对本案的责任认定及责任划分不具有可参考性。在该案中，银行工作人员是

诈骗罪的犯罪主体，但是本案中银行工作人员没有构成共同犯罪，而只是为犯罪分子所利用，因此两案存在本质区别，在过错比例划分方面没有可比性。

第四节　标的物状况

法律规则的适用条件可能包含了对标的物的特殊要求。对标的物的特殊规定，比如是否禁止买卖，都有明确的法条依据，属于法律规则适用方面，容易判断。在比较、识别类案时，还必须对标的物状况予以考察。主要包括：标的物类型、标的物的占有、使用情况以及标的物的使用价值发挥情况。

案例 58　广州市志某房地产开发有限公司与广州市德某实业有限公司等普通破产债权确认纠纷案，（2019）最高法民申 5198 号

最高人民法院认为：关于志某公司以最高人民法院（2015）民一终字第 105 号民事判决及（2016）最高法民终 763 号民事判决为依据，指出参考类案裁判规则的问题。经查，第一个案件所涉标的物并非城市商品房；且该案当事人无法提供证据证明其存在"合法建造"的事实行为。而本案诉争标的物系商品房，故第一个案件的诉争标的、案件基本事实均与本案不同。第二个案件的民事判决书中载有"某立公司主张其基于合法建造事实享有案涉房屋所有权，但其提交证据不足以证明其为相关审批手续载明的合法建造主体、投资事实、占有权利外观情况，仅依据其与佳佳公司合作开发合同关系，不属于物权法第三十条规定的合法建造人"的内容。本案中，德某公司已实际投资，且德某公司并非仅依据合作协议提出所有权确认，而是基于其对案涉项目的管理与建设行为提起本案诉讼。因此，第二个案件的基本事实与本案亦不相同。由于志某公司所提案件与本案在基本事实、法律适用问题等方面不具有相似性，且非指导性案例，故本院对其关于本案应参考提交的类案予以裁判的主张，不予支持。

本案中，当事人援引了类案。但是法院认为，"第一个案件所涉标的物并非城市商品房"，而本案诉争标的物系商品房，不予参考。这个案例表明，如同前述当事人问题一样，仅是因为标的物的不同，可能导致援引案例不被认为具有参考价值。

本节主要内容是从标的物类型，标的物使用价值实现情况，占有、使用状态方面分析标的物状况。

一、标的物类型

标的物类型，是立法、司法解释的考虑因素，也是司法实践中影响裁判的因素。

对于标的物，可以通过以下特征进行分类：

其一，其权利变动是否以公示为生效要件。一般情况下，不动产物权的设立、变更、转让和消灭，以登记为生效要件，不登记不发生效力。

其二，其流转是否需要行政部门审批。比较典型的是采矿权、商业银行股权、上市公司股票等，尤其考虑金融监管部门有无特殊监管政策。

其三，是否属于典型的发达商事交易的标的。比如信用证，就是典型发达商事交易的标的。其存在于特殊领域，有专门的一套商业习惯，其交易有一定门槛，一般人不容易有渠道了解。

对于权利生效需要公示、流转需要审批或者属于典型发达商事交易对象的标的物，往往会有更严格的司法评判尺度。

案例59 黔西南州兴仁县振某煤矿与贵州银行股份有限公司金某支行、贵州连某矿业有限公司案外人执行异议之诉案，（2019）最高法民终287号

最高人民法院认为：本案的争议焦点是：（一）振某煤矿是否为案涉采矿权的实际权利人；（二）振某煤矿享有的实际权利是否能够排除本案强制执行。

关于振某煤矿享有的实际权利是否能够排除本案强制执行的问题，本

院认为，本案应排除强制执行。理由如下：

振某煤矿是案涉采矿权的实际权利人，具有排除强制执行的民事权益基础。但并非所有享有执行标的实际权利的案外人都可以排除强制执行，享有执行标的实际权利只是排除强制执行的必要条件，但还不是排除强制执行的充分条件。实际权利人如需排除强制执行，则执行标的不能存在需要让位的优先权利和需要保护的信赖利益，必须达到足以排除强制执行的权利保护程度。

首先，本案不存在实际权利人需要让位优先权利的情形。案涉采矿权被查封，系依据另案贵州银行金某支行诉连某矿业公司等金融借款合同、担保合同纠纷一案，但在该案金融借款合同中，并未在案涉采矿权上设立担保物权。同时，本案系普通的金钱债权纠纷引发的保全查封转执行查封债权，亦不存在建筑工程优先权和居住权等优先权利的情形。

其次，本案执行标的不存在需要保护的信赖利益问题。权利信赖利益的保护问题，涉及交易者的安全和所有者的安全如何调和的问题，核心是基于信赖利益的交易安全的保护限度问题。在不存在执行标的权利名实不符的情况下，作为债务人实际所有的财产，无论申请强制执行债权发生在何时，执行标的均可被执行追及。如果执行标的存在权利名实不符的情况，执行债权人是否享有信赖利益是执行标的能否被执行追及的主要考量因素。若执行标的权利名实不符情况发生在申请强制执行债权形成之前，债权人存在基于对债务人的该名义财产权利的信赖才与债务人进行交易的可能，则可以认定债权人对债务人的名义财产享有信赖利益，执行时可以追及；若执行标的权利名实不符情况发生在申请强制执行债权形成之后，因不存在债权人基于对该名义财产权利的信赖而与债务人进行交易的可能，则不能认定债权人对债务人此后的名义财产权利享有信赖利益，即此时的名义财产不是债务人对该债权的责任财产，也就不存在信赖利益保护问题，执行时不能追及该名义财产权利。本案中，贵州银行金某支行的债权形成于2013年2-5月，此时的连某矿业公司并未与振某煤矿完成形式上的兼并重组,而案涉采矿权也尚未变更至连某矿业公司名下(案涉采矿权于2013年12月发生变更)。即债权产生或者交易发生时,连某矿业公司尚不存在案涉采矿权名义上的权利,那么,也就不存在贵州银行金某支行基于连某矿业公司的案涉采矿权产生需要保护的信赖利益的问题。

据此,在已明确振某煤矿是案涉采矿权的实际权利人,且在贵州银行金某支行并不存在优先受偿权利和信赖利益保护的情况下,本案排除强制执行更符合实际情况。

本案是关于在采矿权"名义权利和实际权利分离"情况下,实际权利人能否对抗执行的典型案例。本案经最高人民法院审判委员会民事行政审判专业委员会讨论决定后作出判决,支持了实际权利人排除执行的请求。

这个案件的裁判理由论及信赖利益,其认为,"若执行标的权利名实不符情况发生在申请强制执行债权形成之后,因不存在债权人基于对该名义财产权利的信赖而与债务人进行交易的可能,则不能认定债权人对债务人此后的名义财产权利享有信赖利益,即此时的名义财产不是债务人对该债权的责任财产,也就不存在信赖利益保护问题,执行时不能追及该名义财产权利"。

在前面第五章引用的"中信银行股份有限公司某分行与某集团有限公司、某财富融资担保有限公司执行异议之诉纠纷案"([2016]最高法民再360号),最高人民法院也提到了信赖利益问题。该案中,最高人民法院认为,"另一方面,执行案件中的债权人与被执行人发生交易行为时,本身也有信赖利益保护的问题。发生交易时,申请执行人对被执行人的总体财产能力进行衡量后与之进行交易,被执行人未履行生效法律文书确定的义务进入强制执行程序后,被执行人名下的所有财产均是对外承担债务的一般责任财产与总体担保手段,因此不能认为强制执行程序中的申请执行人就不存在信赖利益保护的问题。特别是,法律规定明确否定超标的查封,申请执行人为了实现对某项特定财产的查封,必须放弃对其他财产的查封,如果对该查封利益不予保护,对申请执行人有失公允。因此,不能苛求被执行人的债权人与名义股东必须是就登记在名义股东名下的特定代持股权从事民事法律行为时才能适用善意第三人制度"。

对于信赖利益，两案存在一些认识差别。本案倾向性是，申请执行人没有基于对该名义财产权利的信赖而与债务人进行交易的可能，则不认为有信赖利益。即，无交易则无信赖。而前一案件中，最高人民法院认为，"不能苛求被执行人的债权人与名义股东必须是就登记在名义股东名下的特定代持股权从事民事法律行为时才能适用善意第三人制度"。

分析两案，要运用前面提到的对裁判理由的识别框架。比如两案中，该项理由都不是唯一的、不具决定性。此外，还需要注意标的物。本案涉及采矿权，其流转具有特殊规范。

二、使用价值的实现

在涉及物的案件中，其处理结果，应当考虑是否充分发挥物的使用价值，是否体现物尽其用。

标的物使用价值方面，也是法律规则适用时必须考虑的要件，主要是涉及添附、相邻权等纠纷。《中华人民共和国民法典》第三百二十二条规定，"因加工、附合、混合而产生的物的归属，有约定的，按照约定；没有约定或者约定不明确的，依照法律规定；法律没有规定的，按照充分发挥物的效用以及保护无过错当事人的原则确定。因一方当事人的过错或者确定物的归属造成另一方当事人损害的，应当给予赔偿或者补偿"。在"滕州市万某实业有限公司、华电滕州新源热电有限公司相邻损害防免关系纠纷案"（[2019]最高法民申3209号）中，最高人民法院也申明了对相邻权纠纷的处理原则，提出"对于纠纷产生后，相邻排水或者相邻防免所应采取的补救措施，应当兼顾各方利益以利于物尽其用"。

在无法律、司法解释明确规定的情形下，考虑物尽其用的原则，这是类案识别的重要内容。这些场合主要是涉及返还原物、折价补偿的案件，以及执行中的资产处置等。

案例 60　贵州康某房地产有限责任公司与中国农业银行贵阳市某支行、徐某亮、刘某梅执行案，(2012) 执复字第 11 号

康某公司提出：中某大厦第二层、第三层、第四层房产分别各自一体，独立使用任何一层并不影响其使用价值，农行某支行应当优先行使对被执行人徐某亮的抵押物该大厦第三层、第四层房产的抵押权，在仍无法抵偿其全部债务时，才能依法对康某公司的抵押物行使抵押权，贵州省高级人民法院在第三层、第四层房产价足以抵偿农行某支行全部债权的情况下，应停止对第二层房产的拍卖及执行程序。

最高人民法院认为：关于对抵押物整体拍卖是否损害康某公司实际利益的问题，贵州省高级人民法院在对抵押物整体拍卖之前，召开了由相关利益人农行某支行、徐某亮及康某公司参加的协调会，在各方当事人达成一致意见的基础上，兼顾中某大厦第二层、第三层、第四层共用一部电梯、在使用上为不可分割的整体、整体拍卖能够实现房产价值最大化等实际情况，将抵押房产依法定程序进行整体拍卖，符合相关法律规定。整体拍卖的实际价款在抵押权人农行某支行优先受偿之后，剩余款项足以抵偿康某公司对徐某亮以及其他债权人对徐某亮的普通债权，并未损害康某公司的实际利益。

三、占有、使用状态

标的物的占有、使用状态有时也直接涉及法律规则适用问题。如《最高人民法院关于审理涉及国有土地使用权合同纠纷案件适用法律问题的解释》第九条规定，"土地使用权人作为转让方就同一出让土地使用权订立数个转让合同，在转让合同有效的情况下，受让方均要求履行合同的，按照以下情形分别处理：……（二）均未办理土地使用权变更登记手续，已先行合法占有投资开发土地的受让方请求转让方履行土地使用权变更登记等合同义务的，应予支持；……"

识别事实方面差异的角度，主要包括：(1) 标的物由何方当事人或案

外人占有；（2）当事人是否已进行投入；（3）当事人对标的物的占有、使用是否得到社会、监管部门的认可等方面。

案例 61 北京联某种业有限公司与王某民间借贷纠纷执行案，（2019）最高法执监 51 号

河南省高级人民法院认为，关于联某公司提出的 77 号地问题，郑州市中级人民法院 2016 年 11 月 10 日作出 01248 号之四裁定和协助执行通知书，11 月 25 日上述裁定送达买受人和上街区国土资源局。该裁定送达和发生法律效力的时间均在 11 月 15 日郑州市中级人民法院裁定受理华某公司破产申请之后。郑州市中级人民法院依据《中华人民共和国物权法》第二十八条、《最高人民法院关于适用〈中华人民共和国民事诉讼法〉的解释》（以下简称《民事诉讼法解释》）第四百九十三条、《最高人民法院关于适用〈中华人民共和国物权法〉若干问题的解释（一）》（以下简称《物权法解释一》）第七条的规定，认定拍卖标的物 77 号地使用权仍归华某公司，物权关系未发生变更，仍属于破产财产并无不当。王某、联某公司的复议理由没有法律依据，依法不予采纳。

最高人民法院认为：关于郑州市中级人民法院裁定受理对华某公司的破产清算后完成送达的 01248 号之四裁定和协助执行通知书应否维持的问题。

首先，在郑州市中级人民法院裁定受理对华某公司进行破产清算前，对 77 号地司法拍卖的实质行为已经完成。拍卖成交时，尚未有人向法院提出对华某公司进行破产清算。虽然按照《中华人民共和国物权法》第二十八条、《物权法解释一》第七条、《民事诉讼法解释》第四百九十三条等的规定，司法拍卖成交的，标的物所有权自拍卖成交裁定送达买受人时转移，而本案拍卖成交裁定的送达在郑州市中级人民法院 2016 年 11 月 15 日裁定受理华某公司破产清算案之前没有完成，但处理具体案件中还应当考虑司法拍卖的整体性、拍卖成交裁定的后续送达是否具有法律上的合理性。

其次，郑州市中级人民法院对 77 号地的司法拍卖行为本身没有违法之处，不存在无效、可撤销或应当解除合同的情形。从本案查明的事实来看，

本案司法拍卖并非为对抗破产而抢先拍卖。郑州市中级人民法院早在2016年5月已经启动对77号地使用权的拍卖，此后至2016年10月间开展了三次拍卖，其中第三次拍卖于2016年10月8日上午10时至9日上午10时进行，拍卖成功。而赵某、一加一公司分别于2016年10月16日、10月31日才向郑州市中级人民法院申请对华某公司进行破产清算。同时，本案司法拍卖并不存在法律或司法解释规定的无效或应当撤销拍卖的情形。即使将司法拍卖比照普通民事交易理解，破产程序中解除合同的权利也应当是有限度的。按照企业破产法第十八条的规定，管理人有权决定解除的合同，是破产申请受理前成立而债务人和对方当事人均未履行完毕的合同。但对于拍卖成交确认书已经签署、买受人已经履行完毕全部义务的合同，法律并未规定管理人具有单方解除合同的决定权。此种情况下，执行程序中处理破产管理人对执行拍卖的异议，不仅需要考虑破产债权人的利益，也需要考虑平衡保护买受人的利益。本案买受人联某公司已在规定的期限内履行了自己的全部义务，出卖方在拍卖法律关系项下已经没有实质权利，而只有完成成交裁定送达及办理过户手续的义务，移转所有权的拍卖成交裁定的送达，应当是依法必须完成的手续。01248号之四裁定和协助执行通知书的送达未能在郑州市中级人民法院裁定受理对华某公司进行破产清算前送达，并非联某公司的过错，其不应承担不利后果。此外，上述文书送达后，在华某公司管理人向执行法院提出执行异议前，郑州市某区政府部门已经核准联某公司使用拍卖宗地，批准拍卖宗地的建设规划。国土资源部门业已核准本案拍卖的土地使用权办理过户登记手续，且发布公告注销了华某公司的77号地使用权证。2018年4月至5月间，联某公司先后缴纳土地过户各类税费1000余万元。因此，从拍卖过程情况及实际效果角度考虑，保护买受人联某公司合法权益是适当的。

最后，从破产程序与执行程序的协调及破产债权人权益维护角度考虑。破产清算程序最根本的问题是保护多数债权人按比例平等受偿的利益。在执行程序中已经将被执行人财产拍卖的，将拍卖所得款项作为破产财产同样可以保护破产债权人的利益。本案中，无论将77号地作为破产财产还是将77号地的拍卖价款作为破产财产，并不影响该目的的实现，维持拍卖结果对破产债权人的合法权益并无明显损害。在华某公司被裁定受理破产清算后，郑州市中级人民法院应当中止向执行债权人发放拍卖款，已经发放的，应当根据债权人通过破产清算可能受偿的比例，决定追回相应的款项，而不必否定拍卖行为。此外，破产程序中处置财产的基本方式也是拍卖，破产拍卖与执行拍卖本质上是一致的，个别执行阶段的拍卖已经实质完成的，在进入破产程序后，也可以视为提前进行的破产拍卖，由执行拍卖程序完成最后的成交裁定送达行为，使执行拍卖的结果得以维持，而将所得款项作为破产财产，是兼顾执行程序与破产程序的有效方式，可以避免因重新启动破产拍卖而增加破产费用，从而影响债权人的受偿数额。因此，从执行与破产程序协调的角度看，本案维持破产受理裁定之后送达的拍卖成交裁定书，也具有合理性。

综上，从本案的实际情况看，郑州市中级人民法院对77号地拍卖的实质行为在法院受理破产清算裁定之前已经完成；拍卖本身不存在违法无效、可撤销或应当解除的情形；买受人联某公司已按照规定全部履行完其应当履行的义务，不存在过错，其合法权益理应得到保护；郑州市中级人民法院在破产受理后送达01248之四裁定和协助执行通知书的行为，具有法律上的合理性，本案拍卖结果应予维持。郑州市中级人民法院裁定撤销01248之四裁定和协助执行通知书，以及河南省高级人民法院裁定维持郑州市中级人民法院该部分内容欠妥，应予纠正。联某公司的申诉理由成立，应予支持。

对于"司法拍卖成交的，标的物所有权自拍卖成交裁定送达买受人时转移"这个规则而言，最高人民法院已在多个案件中明确。如在"超某（中国）食品有限公司与某市新华彩印厂加工承揽定作合同贷款执行纠纷执行案"（［2020］最高法执监25号）中，最高人民法院认为，"该不动产的所有权自拍卖成交或者抵债裁定送达买受人或者承受人时起转移"。

但在本案中，最高人民法院虽然也重申了该规则，但认为，"郑州市中级人民法院在破产受理后送达 01248 之四裁定和协助执行通知书的行为，具有法律上的合理性，本案拍卖结果应予维持"。最高人民法院在本案中考虑的具体案情就包括标的物的占有、使用情况。本案的相关事实是，"国土资源部门业已核准本案拍卖的土地使用权办理过户登记手续，且发布公告注销了华某公司的 77 号地使用权证。2018 年 4 月至 5 月间，联某公司先后缴纳土地过户各类税费 1000 余万元"。当然，需要注意的是，本案是经过最高人民法院审委会民事行政专业委员会讨论作出改判结果，考虑了包括标的物的占有、使用在内的多种因素。

第五节　履行情况

履行情况是影响案件的最重要因素。同样地，履行情况有时候属于法律规则构成要件的内容。如《中华人民共和国民法典》第四百一十四条第一项规定，同一财产向两个以上债权人抵押的，抵押权已经登记的，按照登记的时间先后确定清偿顺序。有时候也成为规范文件明确需要考虑的因素，如《关于当前形势下审理民商事合同纠纷案件若干问题的指导意见》规定"综合衡量合同履行程度"来调整违约金。

但是在前述情形之外，履行情况也能影响判决。这是类案识别的重要方面。

一、履行障碍

判项应当明确，具有可执行性，已是一条法律规则。《民事诉讼法解释》第四百六十一条第一款规定，"当事人申请人民法院执行的生效法律文书应当具备下列条件：（一）权利义务主体明确；（二）给付内容明确"。

但是，判项明确与履行障碍还不能完全等同：明确的判项，也可能有履行障碍。这里说的履行障碍，也不等同于客观上不宜继续履行。《中华人民共和国民法典》第五百八十条第一款规定，"当事人一方不履行非金钱债务或者履行非金钱债务不符合约定的，对方可以请求履行，但是有下列情形之一的除外：（一）法律上或者事实上不能履行；（二）债务的标的不适于强制履行或者履行费用过高；（三）债权人在合理期限内未请求履行"。这主要是针对合同应否继续履行而言，属于法律规则的适用。但是，是否适宜继续履行的判断，有一定主观性。

履行障碍属于裁判时的一般考虑因素。主要是针对继续履行等判项，就该案具体而言能否顺利实现。由于履行障碍的问题，可能导致其他情况类似的案件，会有不同的处理结果。履行障碍主要考虑以下方面：行政部门的影响；与第三人利益的冲突协调；当事人的配合。

（1）涉及行政部门。争议事项涉及登记、审批的有关争议中，事先取得行政机关的态度，可能对判决结果产生影响。

（2）涉及第三人利益冲突。如第三人具有优先权利的，法律规定相应的程序予以保障。但是在第三人主张的其他一般的，不具有排他、优先性质的权利时，裁判也会予以考虑。比如诉争工地被第三人占有施工。

（3）当事人的配合情况。这在非金钱之债的案件中比较常见。包括当事人本人、当事人所在组织（如公司、家庭等）的配合情况。

案例 62 李某山与隋某江、鸡东县永和镇长某村村民委员会土地承包合同纠纷案，（2016）最高法民再 286 号

2008 年，隋某江作为申诉方向鸡东县永和镇农业承包合同仲裁委员会申请仲裁，该仲裁委员会于 2008 年 8 月 11 作出鸡（永和镇）裁字第 200806 号裁决如下：一、长某村委会与李某山签订的荒山造林合同，涉及隋某江某木的部分无效，其余部分继续生效；二、涉及隋某江某木的地块，隋某江享有优先承包权，林木所有者有权继续承包此地并履行向长某村委会交付分成款的义务。

李某山不服上述裁决，以隋某江和长某村委会为被告，向黑龙江省鸡东县人民法院提起本案诉讼，请求撤销该裁决，并确认其与长某村委会 2007 年 2 月 1 日签订的承包合同有效。

一审作出判决后,案件被二审发回重审;当事人不服重审一审,上诉被驳回。隋某江向黑龙江省高级人民法院申请再审,该院于2011年11月4日作出(2011)黑高民申一字第50号民事裁定,指令鸡西市中级人民法院再审本案。对再审判决,隋某江仍不服,向黑龙江省高级人民法院申诉。黑龙江省高级人民法院于2013年1月3日作出(2013)黑高民申复字第1号民事裁定,提审本案。

李某山不服高院再审判决,向检察院申请监督。

最高人民检察院抗诉认为:(一)原再审判决关于"隋某江在合同到期前取得争议林地经营权与林木所有权并承担李某山与长某村委会所签合同约定的1:9分成的责任"的认定,缺乏证据证明。(二)原再审判决关于"为便于对该林木的管理、经营、采伐及林木分成义务的履行,不造成林地经营权与林木所有权分离,以及避免造成新的纠纷,长某村委会应优先将争议林地承包给隋某江为宜"的认定,属适用法律确有错误。(三)原再审判决关于"原审没有考虑本案的实际情况,而认定隋某江合法经营期限应以李某山与长某村委会承包合同20年期限、李某山与杨某某协议18年期限为限不当"的认定,属适用法律确有错误。

最高人民法院再审认为:第五,如果将案涉争议林地判给李某山,则该林地上生长的林木,只有全部砍伐或者作价转让给李某山两种处理办法。砍伐林木需要经过林业主管部门批准,且在本院再审庭审中各方当事人均认可该片林木目前尚未到采伐期,故砍伐林木短期内难以实现;如果要作价转让给李某山,李某山又当庭表示其"外债累累,没有自己的住房,处境异常艰难",所以在事实上也难以实现。就此而言,如果把案涉争议林地判给李某山,结果将导致难以执行或者导致利益失衡。

最高人民法院综合各种因素,维持原判。

这个案件程序复杂,历经多次审理、审查。最后由最高人民检察院提起抗诉,最高人民法院审理后维持原判。最高人民法院考虑的一个重要因素就是,"如果把案涉争议林地判给李某山,结果将导致难以执行或者导致利益失衡"。可见，案件事实中，能否顺利履行方面，也是影响裁判的重要因素，在比照参照类案时应予以注意。

二、履行程度

履行的程度，包括两方面：（1）合同或交易诉争事项本身的履行程度，比如货款的支付比例、工程项目的完成比例等。如合同已经付款达到90%，是否解除合同，就需要考虑因履行瑕疵解除合同不利合同稳定性和交易安全。（2）履行情况对第三人的影响，即围绕履行是否形成稳定的社会关系等方面。

案例63 翟某杰与张某离婚纠纷案，（2015）民抗字第9号

最高人民法院再审判决认为：在离婚案件中，因房屋问题发生的纠纷主要集中在双方对房屋价值无法达成一致意见，导致无法分割，或者双方均主张房屋所有权，各不相让，或者是双方都不要房屋，而要相应房价款的，还有一方主张房屋所有权，另一方要求补偿等情况。上述《最高人民法院关于适用〈中华人民共和国婚姻法〉若干问题的解释（二）》（以下简称《婚姻法解释（二）》）[①]第二十条的规定，即是以《中华人民共和国婚姻法》确定的分割夫妻共有房屋的原则为依据，针对司法实践中出现的夫妻就福利政策房屋的价值及归属无法达成协议的现状，结合审判实践经验，参考社会各界意见，确定的处理此类纠纷的三种情形。对于房屋所有权的归属，一般情况下，人民法院应当按照照顾子女和女方权益的原则进行确定，将房屋判决给子女随其生活的一方或者无过错方或者生活困难的一方。在双方当事人不能就共有房屋的价格达成一致意见时，委托评估机构按市场价格对房屋做出评估，由取得房屋所有权的一方给予另一方相应的补偿，才能使双方在对共有财产房屋的分割上达到利益平衡。在此种情况下，不存在对房屋所有权的争执，存在的只是如何公平解决取得房屋

---

① 已失效。

所有权的一方对另一方的补偿问题。本案的处理即属于《婚姻法解释（二）》第二十条规定的第二种情形。

本案中，翟某杰、张某离婚时仅有一套住房，无论分配给任何一方都会导致另一方无房。无论判归哪一方，均会造成另一方生活困难。从本案的诉讼过程来看，双方同意一审法院委托评估机构对涉案房屋做出评估报告后，由取得房屋所有权的一方给予另一方相应的补偿。在一审法院做出重审判决后，翟某杰上诉请求的第一项即是平均分割夫妻共同财产房屋，平均分割 82000 元，上诉人应得 41000 元。或上诉人带孩子，将房屋判归上诉人所有……其明确表示要求按照评估价格的一半由张某给予补偿。翟某杰、张某均有稳定工作，在此情况下，考虑到双方的财产状况、经济条件、生活困难程度、负担能力、当地生活水平等因素，原审判决涉案房屋分配给张某，由张某按市场评估价格的一半给予翟某杰补偿，与翟某杰的上诉请求基本一致，也符合本案实际情况，适用法律并无不当。同时，考虑到翟某杰独自抚养子女，在外租房居住，对于张某在婚前交纳的 2 万元购房款的夫妻共同债务，原审将翟某杰所承担的债务予以免除，亦相应体现出对妇女及孩子利益的照顾。对于翟某杰在再审过程中提出的要求张某支付孩子的抚养费及房租的问题，因在原一、二审中均未提出过上述主张，故不属于本案再审审理范围。因此，如翟某杰确属生活困难，无力支付房租，其亦可通过其他途径予以救济。

需要指出的是，在本案二审判决后，张某又再婚生子，女方也无正式职业，其亦无其他房屋居住，生活情况的确发生了变化。二审判决张某支付给翟某杰的房屋补偿款业已基本履行完毕。在本案审理期间，翟某杰和张某就儿子的监护抚养、涉案房屋的拆迁等问题自愿达成协议。出于维护社会家庭关系稳定性的考虑，本案不宜再做调整。

这个案件诉争房屋按照诉讼时评估值 8.2 万元，涉及相关司法解释的适用，是关于夫妻财产分割很典型的案件。中级人民法院二审、高级人民法院再审，均经过审委会讨论。后最高人民检察院提出抗诉，最高人民法院审理后维持原判。最高人民法院在判决中就专门提及"出于维护社会家庭关系稳定性的考虑，本案不宜再做调整"。虽然履行程度通常是针对物或行为而言，但是这则离婚纠纷体现出的实质道理是相通的。

三、获益情况

获益情况主要是指履行的结果，以及合同中途终止后，一方持有争议标的或继续诉争事项带来的收益。具体的法律规则适用条件，一般不包括获益情况。但是，在具体案件的裁判中，其往往能成为影响确定赔偿数额等方面的因素。

案例64 珠海市建筑工程总公司西区工程处与珠海经济特区科某化工股份有限公司合资合作开发房地产合同纠纷案，（2016）最高法民再152号

本案中，最高人民法院判决指出："最后，本案诉讼跨越16载，历经两次发回重审、申请再审和检察机关抗诉。历史背景更是经历了20世纪90年代房地产市场的泡沫现状和近些年房地产市场行情的不断看涨，直接导致涉案项目的重新启动和竣工销售，东某公司成为实际的受益者。皮之不存，毛将焉附。上述因素本院在本次再审中均将予以考量。"

"综上，原审判决认定事实基本清楚，但在认定科某公司、东某公司违约情况下，仍按合同约定划分土地收益有所不当，应予纠正。"

本案程序较为特殊，2004年珠海市建筑工程总公司西区工程处起诉，中级人民法院一审后，其提出上诉，高级人民法院裁定发回重审；其不服重审一审判决，继续上诉，高级人民法院再次发回重审；中级人民法院一审判决后，其再次提出上诉，高级人民法院于2011年判决维持一审；其向最高人民法院申请再审，最高人民法院驳回其再审申请；其继续向最高人民检察院申请监督。最高人民检察院抗诉后，最高人民法院经审委会全体会议讨论予以改判。

最高人民法院明确指出由于房地产市场上涨，"导致涉案项目的重新

启动和竣工销售,东某公司成为实际的受益者。……上述因素本院在本次再审中均将予以考量"。"在认定科某公司、东某公司违约情况下,仍按合同约定划分土地收益有所不当。"对于申诉人提出的,"请求撤销原判决,责令赔偿西区工程处经济损失(预期可得利益)13440万元,以及承担全部诉讼费用"的主张,最高人民法院判决东某公司"支付折价补偿款人民币1732.5362万元及利息"。

第六节 案外因素

在分析识别类案时,对于援引案例,还需要注意其案外因素。案外因素,要么不是由当事人所能控制,比如当时的宏观经济政策、政府调控行为,要么虽能由其引起但非由其主导,比如舆论的监督或者关注。

这些案外因素,已经转化成案件事实的一部分,尤其在程序启动、进展上对案件产生或多或少的影响。但是这些案外因素,通过一般的案件检索难以查询,或者以一般的阅读方式难以注意。

本节主要从经济社会情况、媒体舆论和有关机关的监督关注情况,以及关联案件情况方面,讨论案外因素。

一、经济社会情况

识别类案时,还要把案件放在当时的经济社会背景下考虑。这样才能更深刻理解和认识有关行为,进而对其准确、合理地进行法律评价。

经济社会情况主要包括:其一,政府的宏观政策和调控行为。其通常是针对某个产业或行业的行政管理行为,这有助于理解具体纠纷中当事人的经济行为。其二,法治和社会治理的发展完善情况。这对事实行为跨越时间长,经历法律从无到有、从无序竞争到建章立制过程的案件尤其重要。

经济社会情况是影响裁判的重要因素,但是这种影响,一般都内化在明文规定的司法政策中。对经济社会情况的考察,有时也直接涉及法律、司法解释尤其是司法政策的适用条件。因此,辨析经济社会情况,通常是找法的工作。

前面第三章第三节关于类案参考价值的酌定参考因素,从时间性这个维度,主要是考虑了全国性的经济社会背景情况。但是各地政府主导的调控行为,可能对当地司法实践产生影响。这是实践中重视"上级法院及本院生效案例"的原因。这个地域性的维度,考虑了地方的经济社会情况。

二、监督关注情况

监督关注情况包括:舆论的监督和关注;有权机关的监督,包括权力机关的监督,也包括人民检察院对诉讼过程中违法行为展开监督;人大代表或政协委员等个体通过法定途径对案件的关注;以及有关单位以各种形式介入到纠纷过程中。

最高人民法院印发《四类案件监督意见》的通知规定,"涉及群体性纠纷或者引发社会广泛关注,可能影响社会稳定的"是四类案件之一。这类案件的审判组织等有所不同。这种法院内部运行机制方面的差异,对案件的进程、结果都可能产生影响。

《人民检察院民事诉讼监督规则》设专章规定"对审判程序中审判人员违法行为的监督"。其第一百零一条规定,人民检察院发现同级人民法院民事审判程序中审判人员有《中华人民共和国法官法》第四十六条等规定的违法行为且可能影响案件公正审判、执行的,应当向同级人民法院提出检察建议。这是实践影响很大的规范。

监督关注情况主要对程序的启动、推动产生影响,个别时候也影响实体裁判。在考虑程序性问题时尤其应予以注意。

案例 65 中国长某资产管理公司西安办事处、陕西省教育活动中心、天津市中某电子计算机公司借款合同纠纷执行案,(2016)最高法执复 39 号

原债权人中国工商银行西安市南某支行(以下简称工行南某支行)与

教育活动中心、中某公司借款合同纠纷一案，2004年8月10日，最高人民法院作出（2004）民二终字第112号民事判决，判令教育活动中心偿还工行南某支行贷款本金1993万元及利息，中某公司承担连带清偿责任。

2003年10月24日，陕西省高级人民法院在一审期间作出（2003）陕民二初字第24号民事裁定，保全查封了中某公司全部土地使用权和地上房屋所有权。2004年10月20日，工行南某支行向陕西省高级人民法院申请执行，申请执行的债权金额为贷款本息2045.84789万元。

2006年8月28日以来，天津市高级人民法院、天津市信访办、天津市国资委先后给陕西省高级人民法院发来函件，反映中某公司是困难国企，资不抵债。2007年2月5日，陕西省高级人民法院作出（2005）陕执一债字第113-29号民事裁定认为，天津市高级人民法院及天津市委市政府有关部门以公函形式说明了中某公司的实际情况，虽有财产但无执行能力，该院予以采信。对教育中心名下的可供执行财产，该院均进行了强制执行，现已无财产可供执行，遂对最高人民法院（2004）民二终字第112号民事判决终结执行。

长某公司提出异议。陕西省高级人民法院认为，该院（2005）陕执一债字第113-29号民事裁定对本案执行过程、执行情况及两被执行人财产状况等事实均做了翔实的说明，并进一步阐明了因中某公司虽有财产但无执行能力、教育活动中心无财产可供执行而终结执行的事实和理由。对此，长某公司在执行异议中，未提出认可本案终结执行不当的理由、事实和证据，故其所提出撤销（2005）陕执一债字第113-29号民事裁定及恢复执行的请求，该院不予支持。

陕西省高级人民法院驳回异议请求。长某公司向最高人民法院申请复议。

最高人民法院认为：本案的焦点问题是，被执行人是否确无财产可供执行或已无执行能力，陕西省高级人民法院裁定终结执行是否符合法律规定。

关于教育活动中心的财产状况。陕西省高级人民法院查明，该中心名下未拍卖、变卖的土地一部分被陕西省教育厅家属院占用，另一部分被陕西省考试管理中心占用且基建任务计划书已被陕西省计划委员会批复。本院认为，人民法院已查封的被执行人的责任财产，其他任何部门不能随意处分。陕西省高级人民法院（2005）陕执一债字第113-29号民事裁定仅依据陕西省计划委员会的批复文件即认定教育活动中心无财产可供执行，属于认定基本事实不清。

关于中某公司的财产状况。根据陕西省高级人民法院查明的情况，中某公司名下有土地和房产以及在其他公司的股权，且曾被该院查封、冻结，但该院（2005）陕执一债字第113-29号民事裁定仅依据天津市国资委、天津市信访办及天津市高级人民法院函件中关于中某公司面临国企改制、安置职工费用不足等表述，未对该公司实际财产和职工安置费的真实情况予以查明，即认定中某公司有财产却无法执行，缺乏事实依据。

综上，陕西省高级人民法院（2005）陕执一债字第113-29号民事裁定认定被执行人教育活动中心无财产可供执行、被执行人中某公司有财产却无执行能力，理据不足。该院（2016）陕执异字第3号执行裁定亦未查明两被执行人的财产状况，而是认为（2005）陕执一债字第113-29号民事裁定已阐明了终结执行的事实和理由，据此驳回长某公司的异议请求，属于认定基本事实不清、证据不足，应予撤销，由该院对被执行人教育活动中心、中某公司的财产状况以及是否应当终结执行重新审查。

在这个案件中，对于当事人"虽有财产但无执行能力"的判断，显然是受了外界监督关注情况的影响。不具备这样的因素，其他案件难以作出类似的认定。该案被最高人民法院裁定重新审查。

当然，陕西省高级人民法院重审后，作出（2017）陕执异2号裁定，还是驳回了异议请求。其裁判理由除了重复"天津市委市政府有关部门致函本院，说明中某公司在执行期间资产不足以支付安置职工费用，其财产系安置职工、保障职工基本生活的财产，中某公司在执行期间虽有财产，但确无执行能力"外，还提及"告知了法院拟就案件裁定终结执行的意见，长某资产公司当时对法院终结执行并无异议，而且对本院根据案件实际情况退还中某公司 150 万元案件款，亦未提出异议"。

在本章第一节分析案件事实特征时，提及其呈现、查阅都受制于对法律规则的认识。裁判文书呈现的事实，往往是过滤后的事实。至于其原因，主要是受对法律规则的理解，也受争议焦点等因素的影响。由于双方未对某问题形成争议，与此相关的事实就不会充分呈现。这个案例也是印证。

三、关联案件情况

关联案件情况，主要是其他办案单位在其职权范围处理的事项，与法院处理的案件存在关联。包括公安机关、检察院办理的刑事案件；纪委监委办理的案件；有行政执法权的单位如工商部门、证监会等单位办理的案件，与法院处理的案件存在关联。

关联案件情况，对民商事案件的影响，受制于相关办案单位和审理法院的层级、办理案件的影响等因素。

案例 66 贾某伟与段某杰、刘某华知识产权合同纠纷案，（2020）最高法民再 346 号

二审法院认为，根据现有证据，巴林左旗公安局已经向一审法院发函表示"贾某伟在同段某杰签订协议、注册公司、转让专利时虚构事实，隐瞒真相，骗取段某杰钱财，涉嫌诈骗"，本案中双方意思表示主要围绕案涉专利转让及合作，一审法院根据现有证据依据《最高人民法院关于在审理经济纠纷案件中涉及经济犯罪嫌疑若干问题的规定》第十一条作出驳回起诉及反诉并将本案移送公安机关处理的裁判适用法律无误，依法应予维持。贾某伟称巴林左旗公安局已将贾某伟涉嫌犯罪的刑事案件撤案，但并未提供相关证据，故对其上诉理由不予支持。遂裁定：驳回上诉，维持原裁定。

最高人民法院再审认为：《最高人民法院关于在审理经济纠纷案件中涉及经济犯罪嫌疑若干问题的规定》第一条规定："同一自然人、法人或非法人组织因不同的法律事实，分别涉及经济纠纷和经济犯罪嫌疑的，经济纠纷案件和经济犯罪嫌疑案件应当分开审理"，第十条规定："人民法院在审理经济纠纷案件中，发现与本案有牵连，但与本案不是同一法律关系的经济犯罪嫌疑线索、材料，应将犯罪嫌疑线索、材料移送有关公安机关或检察机关查处，经济纠纷案件继续审理"。从本案贾某伟起诉主张来看，其依据其与段某杰签订的《无形资产转让暨合作协议书》及补充协议，主张其已将专利权等合同约定的知识产权转让给段某杰，段某杰仅支付部分转让款150万元，余款650万元未按期支付，从而要求段某杰及其妻刘某华承担逾期付款违约责任。根据原审查明的事实，双方签订上述合同后，段某杰支付了部分转让款，贾某伟亦将合同约定的知识产权权利转让给段某杰。且根据段某杰在一审中提出的反诉请求及主张的理由，其亦依据双方签订的上述合同主张相关民事权利。可见，双方由此产生的纠纷应系因履行合同而产生的争议，属于平等主体之间的民事争议，应由人民法院审理。

内蒙古赤峰市巴林左旗公安局曾对贾某伟涉嫌合同诈骗进行立案侦查，其后予以撤销，以贾某伟涉嫌诈骗为由立案，对此，贾某伟是否涉嫌诈骗与本案民事纠纷并不属于同一法律事实，不影响本案审理。本案贾某伟与段某杰、刘某华之间的纠纷系民事纠纷，原审法院裁定驳回贾某伟的起诉并将案件移送内蒙古赤峰市巴林左旗公安局处理属适用法律不当，本院予以纠正。

在这个案件中，公安机关已立案侦查，但最高人民法院认为，"是否涉嫌诈骗与本案民事纠纷并不属于同一法律事实"，二审法院驳回起诉不当，本案应继续审理。

案例 67 广州市智某信息技术有限公司（以下简称智某公司）因与中国移动通信集团某有限公司（以下简称某移动公司）合同纠纷案，（2020）最高法民申 1440 号

智某公司申请再审称，（一）原裁定认定的基本事实缺乏证据证明。没有任何证据证明本案与唐某州涉嫌刑事案件是"基于同一事实"产生，本案中的"合同款项与前述刑事案件相关"。两审裁定的依据乃是广东省监察委员会向一审法院出具的一封《复函》，但该《复函》并无附有资料证实其所述情况，也没有就如何"相关"做出说明。除此之外，两审法院亦均未对此关键事实进行查证。该《复函》所述内容在两审法院的判决中均只字未提，不排除两级法院因受案外因素影响而未能依法做出公允裁判的可能。（二）原审裁定适用《最高人民法院关于在审理经济纠纷案件中涉及经济犯罪嫌疑若干问题的规定》第十一条规定，适用法律错误。结合《最高人民法院关于在审理经济纠纷案件中涉及经济犯罪嫌疑若干问题的规定》第十条，经济纠纷案件中如果含有经济犯罪的部分，不影响经济纠纷审理，只需将有关经济犯罪嫌疑的线索、材料移送有关公安机关或检察机关查处即可。如果法院发现案件并非经济纠纷而是全案或者全部诉请主张均存在经济犯罪嫌疑的，才应裁定驳回起诉。原审裁定直接将本案涉及的、已经合同双方确认均已实际履行且履行过程明确而具体的双务经济合同全部认定为涉嫌经济犯罪，显然属于因事实认定错误进而导致适用法律错误。案涉合同系公益性质的合同，不存在利益输送的客观条件和主观可能，与唐某州目前涉嫌指控的罪名不存在任何关联。且某移动公司在案件受理伊始即认可本案的本金部分，仅抗辩利息部分无需支付。根据最高人民法院发布的《全国法院民商事审判工作会议纪要》第一百三十条，本案民事纠纷与唐某州是否构成刑事犯罪毫无关系，更不以唐某州刑事案件审理结果作为本案民事审理的依据，应继续审理。（三）原审裁定与党中央大力保护民营企业合法权益的大政方针相悖。综上，原审裁定认定事实明显缺乏证据证明、认定事实错误、适用法律错误，根据《中华人民共和国

民事诉讼法》第二百条第二项、第六项规定，请求依法再审本案。

最高人民法院经审查认为：本案焦点问题为：原审驳回智某公司的起诉是否正确。

根据原审法院查明，智某公司实际控制人唐某州因涉嫌刑事犯罪已经依法被广东省人民检察院立案侦查并决定逮捕，广东省监察委员会目前继续对该案进行调查。广东省监察委员会给一审法院出具的函明确载明唐某州涉嫌刑事案件的调查范围涉及某移动公司与智某公司等企业之间的合同款项，原审据此认定本案应先通过刑事程序解决，并依据《最高人民法院关于在审理经济纠纷案件中涉及经济犯罪嫌疑若干问题的规定》第十一条规定驳回智某公司的起诉，并无不当。智某公司主张原裁定认定的基本事实缺乏证据证明，并进而主张原裁定适用法律错误，理据不足，本院不予支持。广东省监察委员会给一审法院出具的函已经智某公司、某移动公司质证，智某公司仅以该函内容未在原审文书中体现为由质疑原审裁判之公允，本院不予采信。

在这个案件中，省监委出具的函表示刑事案件的调查范围涉及相关当事人之间的合同款项。二审法院认为本案应先通过刑事程序解决，当事人申请再审后，最高人民法院予以驳回。

前述两个案件，涉及民刑交叉的疑难问题，实践中认识和处理方式确认存在争议。但可以印证，类案分析识别时应当将关联案件作为考察因素。在比较相似性时，是否有其他机关正在办理与民商事案件有关联的案件，该机关的层级、案件性质和影响等因素都应予以考虑。

第七章　案件处理的总体情况

从案件的法律适用、基本事实等方面，抽丝剥茧地分析，往往还不能对类案的参考价值予以适当判断。类案识别还需要从案件的"细节"抽出来，宏观地看待整个纠纷的处理情况。毕竟裁判的目的是解决纠纷。从这个角度上看，需要注意案结事了、社会效果方面。

法律、事实方面的差异性，能否发挥作用，离不开对案件处理的总体情况分析。有些类案，在法律适用、基本事实等方面与待决案件高度相似，但不一定参照适用，因为该类案有特定的目的、解决特定的争议。有的类案与待决案件具有相似性，在具体规则的适用上应当参照，如果该参照是不利的，还应当考虑有无援引基本原则的余地。

本章主要内容是从宏观的层面识别类案，包括主要针对程序问题考察是否影响当事人权利救济、案件裁判方面是否遵循了民法典基本原则，以及尤其对裁判存在瑕疵的案例，当事人是否接受处理结果。

第一节　是否影响当事人权利救济

从影响救济角度，主要看两个方面：一是主要针对程序问题作出的裁判，是否将使当事人争议无法进入实体审理；二是对实体问题的裁判，是否以指引到另案解决的方式，弥补了原审裁判的错误。

一、是否使权利无从救济

对于案件不予受理、不予审查等程序性事项，要特别考虑案件的具体处理方式是否影响当事人的救济途径。如检索案例适用本案，将使当事人权利无法得到实质处理，又不能指明其他合理的解决途径，则该案参考价值应受到质疑。

案例 68 上海浦东发展银行股份有限公司某分行与天津市航某源科技有限公司、天津市大某车业有限公司等借款合同纠纷执行案，（2016）最高法执监 305 号

梅某电源向最高人民法院申诉，请求撤销天津市高级人民法院复议裁定、天津市第二中级人民法院异议裁定及天津市第二中级人民法院追加被执行人裁定。主要事实与理由为：天津市第二中级人民法院追加被执行人裁定所依据《公司债务担保证明》系伪造证据。申诉人已取得生效调解书，确认《公司债务担保证明》为伪造文件，但是天津市高级人民法院和天津市第二中级人民法院并未通过诉讼程序纠正执行错误。申诉人已无法通过诉讼程序确认《公司债务担保证明》无效。

最高人民法院认为："按照《中华人民共和国公司登记管理条例》的规定，公司减少注册资本，应当向工商部门提交公司债务清偿或者债务担保的情况说明。天津市第二中级人民法院系根据工商档案《公司债务担保证明》中梅某电源、娄某关于航某源公司减资前债务承担所签署承诺，追加梅某电源、娄某为本案被执行人。对于该类书面承诺，工商部门一般只进行形式审查，并不准确核对签章的真伪。天津市第二中级人民法院依据书面承诺追加被执行人后，梅某电源、娄某在异议程序中提出《公司债务担保证明》相应签章为伪造，进而在复议程序中申请鉴定；由于该书面承诺系能否追加被执行人的主要证明资料，相关法院应当在执行程序中对该书面承诺进行鉴定，确定签章的真伪。天津市高级人民法院复议裁定虽释明梅某电源、娄某可以通过'其他程序'对签章进行鉴定，但并未明确释明通过何种程序救济。梅某电源、娄某为证明签章真伪，虽已提起担保合同诉讼进行救济，请求确认《公司债务担保证明》无效，但是天津市三级法院经一审、再审一审、二审及再审审查程序，最终以天津市高级人民法

院复议裁定已认定梅某电源、娄某应当承担清偿责任为由，驳回梅某电源、娄某的起诉。本案发展至今，梅某电源、娄某关于签章真伪的诉请，虽已在执行程序与审判程序中反复审查，但始终未触及实质问题，签章真伪至今未得到处理；并且，梅某电源、娄某所提起担保合同纠纷案件已经过三级审查，难以依当事人向人民法院申请而进入诉讼程序救济。综合本案情况，本案应当由天津市第二中级人民法院通过执行异议程序重新审查，在异议程序中对案涉《公司债务担保证明》进行鉴定，进而对能否追加被执行人作出认定。"

在本案中，天津市第二中级人民法院根据工商档案《公司债务担保证明》中梅某电源、娄某关于航某源公司减资前债务承担所签署承诺，追加梅某电源、娄某为本案被执行人。梅某电源、娄某在异议程序中提出《公司债务担保证明》相应签章为伪造，进而在复议程序中申请鉴定，天津市高级人民法院在复议中认为其可以通过其他程序对签章鉴定。此后，梅某电源、娄某提起担保合同诉讼进行救济，请求确认《公司债务担保证明》无效；但是该案经过一审、再审一审、二审及再审审查程序，最终却以天津市高级人民法院复议裁定已认定梅某电源、娄某应当承担清偿责任为由，驳回梅某电源、娄某的起诉。

最高人民法院认为，梅某电源、娄某关于签章真伪的诉请，虽已在执行程序与审判程序中反复审查，但签章真伪至今未得到实质处理；并且，梅某电源、娄某所提起担保合同纠纷案件已经过三级审查，难以依当事人向人民法院申请而进入诉讼程序救济。综合本案情况，本案应当由天津市第二中级人民法院通过执行异议程序重新审查，在异议程序中对案涉《公司债务担保证明》进行鉴定，进而对能否追加被执行人作出认定。最高人民法院在本案中，考虑当事人权利可行的救济渠道，最终允许其在执行异议中对签章进行鉴定。

以上案例表明，在程序问题上，由于立法漏洞等原因，可能会使当事人陷入僵局，无法依据明确的程序获得救济，法院应当准许例外情形下给予当事人救济渠道，对所涉争议实质性评判。

二、是否指引另行解决

针对二审、再审裁定或判决，在结果与原审一致的时候，要看本院认为部分，是否给当事人给出指引，释明有关争议可以另行主张。如存在此种情形，则二审或再审裁决的裁判理由，或者说对具体问题的法律适用，参考价值不强。此种情形下，其主要出发点往往是处理具体案件，而不是解决纠纷或者阐明法理，其通过指示另行解决的方法使原审的错误得到一定程度的修复。

案例 69 厦门同某伟某贸易有限公司与石狮市芳某工贸有限责任公司破产债权确认纠纷案，（2021）最高法民申 6090 号

同某公司申请再审称：一、虚假诉讼罪属于侵害司法秩序犯罪而非经济犯罪，一、二审裁定依据《最高人民法院关于在审理经济纠纷案件中涉及经济犯罪嫌疑若干问题的规定》第十一条规定，以本案涉嫌虚假诉讼为由裁定驳回起诉，适用法律错误，也与最高人民法院类案处理的裁判精神相悖，本案应当继续审理。

（一）虚假诉讼罪属于侵害司法秩序犯罪，并非经济犯罪，原审依据《最高人民法院关于在审理经济纠纷案件中涉及经济犯罪嫌疑若干问题的规定》第十一条的规定裁定驳回起诉，适用法律错误。

1.《最高人民检察院、公安部关于公安机关办理经济犯罪案件的若干规定》第七十六条规定："本规定所称的'经济犯罪案件'，主要是指公安机关经济犯罪侦查部门按照有关规定依法管辖的各种刑事案件。"《公安部刑事案件管辖分工规定》中规定的经济犯罪侦查局管辖的89种案件中，不包括虚假诉讼罪。

虚假诉讼罪规定在《中华人民共和国刑法》第六章"妨害社会管理秩序罪"第二节"妨害司法罪"。

2. 驳回起诉涉及当事人诉权，经济犯罪系有明确含义的法律概念，应

当严格解释其范围，以涉嫌虚假诉讼罪驳回起诉没有明确的法律依据。原审法院援引《最高人民法院关于在审理经济纠纷案件中涉及经济犯罪嫌疑若干问题的规定》，属于适用法律错误。

（二）最高人民法院审理的"臧某与山东圣某伟某房地产开发有限公司等民间借贷纠纷再审案"（［2019］最高法民再5-9号），与本案为同类案件。本案原审裁定违背类案裁判精神。

1. （2019）最高法民再5号、6号、7号、8号、9号系列案件，与本案在案件基本事实、争议焦点和法律适用问题等方面具有实质相似性。

在该系列案中，臧某作为出借人提起民间借贷纠纷诉讼，一审法院予以支持；被判承担连带清偿责任的山东圣某伟某房地产开发有限公司提起上诉；二审中，公安机关出具立案决定书和情况说明，称山东圣某伟某房地产开发有限公司法定代表人赵某平报案，前述民间借贷纠纷诉讼构成虚假诉讼，公安机关初查后认为有重大犯罪嫌疑，决定对赵某平被虚假诉讼立案侦查；二审据此裁定驳回起诉；最高人民法院再审后裁定撤销二审裁定、指令高院进行审理。

该案中，最高人民法院明确，"虚假诉讼罪不属于经济犯罪的范畴。二审法院依据《最高人民法院关于在审理经济纠纷案件中涉及经济犯罪嫌疑若干问题的规定》第十一条的规定，以本案有经济犯罪嫌疑为由驳回臧某的起诉，适用法律确有不当。但鉴于公安机关认为本案有虚假诉讼犯罪嫌疑，已决定对赵某平被虚假诉讼立案侦查，根据《最高人民法院关于审理民间借贷案件适用法律若干问题的规定》第七条的规定，在臧某涉嫌虚假诉讼刑事案件审结前，宜中止本案诉讼，待刑事案件审结后，可视情况恢复审理"。

2. 本案无公安或检察机关立案侦查的事实，同某公司主张债权依据的《融资租赁合同（回租）》具有民间借贷特点；本案在法律适用的焦点上也是涉嫌虚假诉讼罪是否驳回民事案件起诉，根据"举重以明轻、举轻以明重"的原则，本案应当参照该案裁判精神，继续审理。

在本案中，申请人明确指出应参考的类案，并且说明两案的相似性。最高人民法院再审裁定中并未对此予以回应。这和本案系再审审查程序、援引类案非指导案例等因素有关。此外，在本案中，再审裁定指出了另行救济解决。其在分析了有关证据后认为，"一审法院认为本案可能涉及经济犯罪，裁定驳回同某公司的起诉并将案件移送公安侦查，处理结果适当。若公安机关侦办之后得出与一、二审裁定相关认定相反的结论，芳某公司可重新起诉主张权利"。

本案应当如何处理值得讨论。但就一般性而言，这种指示可另行解决的方式，通常会削弱其本身的说理：另行解决在表面上看并未损害当事人的权利、给予其救济渠道，论述上的欠缺通过这种方式得到弥补。

第二节　民法典原则的适用情况

在考察类案时，要注意其裁判理由、处理结果，是否违反基本的民法典原则。同时，也要考虑如参照援引的类案，是否会导致本案的处理有违基本原则。

在实践中，往往关注具体规则的适用。尤其是在符合具体规则的适用条件时，除非法律或司法解释有明确规定，很少考虑原则的适用问题。民法典的基本原则并非法律学科独有，如诚信、公平这些法律概念，也是为一般人普遍接受的道理。一个能被参照的类案，当然要符合一般人普遍接受的道理；类案参照适用的结果也应如此。因此，在比照、识别类案时，应该宏观看待整个案件，尤其是在适用具体规则不利的情形下，要看原则能否对规则的适用予以限制。

对此，可以用诚信原则对认定合同无效的限制来说明。

2020年5月13日，最高人民法院举行新闻发布会，发布人民法院大力弘扬社会主义核心价值观十大典型民事案例。其中有如下案例：

案例70　开发商"自我举报"无证卖房毁约案①

某房地产公司与李某某签订了商品房内部认购合同书，该认购合同约定了双方的名称、住所、房屋的基本情况、单价、总价款、付款方式、付款时间等内容。合同签订当日，李某某即向某房地产公司交纳全部购房款。其后，该房地产公司在案涉开发项目已经取得土地使用证、建设用地规划许可证、建设工程规划许可证与建筑工程施工许可证的情况下，以案涉房屋未取得商品房预售许可证为由，将李某某起诉至法院，请求确认双方签订的内部认购合同无效。

西安市中级人民法院认为，李某某在签订认购合同当日即支付了全额购房款，某房地产公司作为销售方的合同目的已经实现，但其不积极履行己方合同义务，在房地产市场出现价格大幅上涨的情况下提起本案诉讼主张合同无效，违背诚实信用原则。某房地产公司签约时未取得商品房预售许可证，虽然违反了商品房预售许可制度，但案涉楼盘在一审诉讼前已经取得了除预售许可证之外的"四证"，工程主体已经建成，在李某某上诉过程中，案涉楼盘也取得了商品房预售许可证，预售制度所欲避免的风险在本案中已经不存在。因此，该公司签约时未取得商品房预售许可证的事实，并不必然导致其签订认购合同的民事法律行为无效。该公司为获取超出合同预期的更大利益，违背合同约定，提起本案诉讼主张合同无效，显然与社会价值导向和公众认知相悖，人民法院不予支持。

最高人民法院在论及该案典型意义时称，本案不因开发商签约时未取得商品房预售许可证而机械认定房屋认购合同无效，而是结合合同目的、合同履行、商品房预售制度的立法目的等因素，认定商品房预售制度所欲避免的风险在本案中已经不存在，开发商提起本案诉讼是为获取超出合同利益的恶意违约行为，故而对开发商违背诚信的行为给予否定性评价。

---

① 载中华人民共和国最高人民法院网，https://www.court.gov.cn/zixun-xiangqing-229041.html，访问日期2023年2月9日。

《最高人民法院关于审理商品房买卖合同纠纷案件适用法律若干问题的解释》第二条规定，"出卖人未取得商品房预售许可证明，与买受人订立的商品房预售合同，应当认定无效，但是在起诉前取得商品房预售许可证明的，可以认定有效"。该规则是很明确的，前述案例中，出卖人在诉讼前没有取得预售许可证，按照前述司法解释，合同应当无效。但通过适用民法原则，法院并未认定其无效。

这说明在符合规则适用条件时，仍需注意原则的适用问题。当然，如将前述案例作为类案参考，则应回归到前文讨论的基本事实等方面的相似性识别判断上来。具体来说，前述案件中，其基本案情包括一审诉讼前已经取得了除预售许可证之外的"四证"、上诉过程中案涉楼盘也取得了商品房预售许可证等。

第三节　是否解决各方争议

前述在分析类案时，尤其是分析其法律适用时，偏重"应然"方面。对于援引案例，如果认为其与其他类案的裁判尺度、司法精神存在不一致，与法律、司法解释的基本精神不一致，还要看其本身是否解决了纠纷、是否为当事人接受。如果总体的纠纷得到解决，具体案件的裁判是否存在瑕疵，并不产生实质影响。这类案例本身对于其他案件的参考价值有限。

一、当事人和解调解情况

在前述第四章探讨了案件关联检索方法。在对重要的类案进行检索时尤其要重视这个方式，对相关程序的裁判文书、新闻报道等予以检索。掌握相关程序的情况，进一步了解案件事实或背景，了解所涉纠纷是否得到解决，当事人是否接受结果。

案例 71　信某投资有限公司、北京信某置业有限公司、中国信某资产管理股份有限公司北京市分公司与北京庄某房地产开发有限公司合同纠纷案，（2020）最高法民再 15 号

当事人不服最高人民法院二审判决，申请再审。

最高人民法院认为：诚实信用是民法的基本原则，当事人在商业交易中应该严格遵守。对于重大复杂的商业交易，双方更应该本着诚实信用的原则，积极履行合同义务，不得滥用合同权利，影响交易的安定性和交易秩序。本案是一起涉及项目转让、债务重组及合作开发的重大复杂的商业交易，交易标的巨大、交易结构复杂、交易持续时间长。协议签订后，交易双方积极履行合同义务，约定的绝大部分合同义务都已履行，合同关于项目转让和债务重组的主要目的已经实现，信某投资支付了 22 亿余元帮助庄某公司偿还债务，信某北分豁免了庄某公司 8 亿元债务，解除了庄某公司的债务危机，避免了案涉地块被司法处置的风险。为了实现庄某公司的利益，双方又约定庄某公司有权参股项目公司，获得项目公司 20% 的股权，这些都体现了信某投资的履约诚意。在协议签订后及项目审批手续办理的过程中，项目推进遇到困难、土地面临被政府收回、项目面临再次烂尾，信某投资欲通过转让项目公司股权给专业的房地产开发公司以推进项目的进行，有公司章程的依据，不仅不损害庄某公司在项目公司的应有权益，而且股权转让后项目迅速得到审批和开发建设，切实保障和增加了庄某公司在项目公司中的权益。即使双方在履行协议的过程中有一定的争议，也应该从交易的大局出发，在不影响合同根本目的实现前提下，努力维护交易的稳定性和交易秩序，实现利益共享和公平分配，防止利益严重失衡。因此，信某投资、信某置业、信某北分的再审请求成立，应予支持，原判决应予纠正。

再审中，为了化解矛盾纠纷，维护正常交易秩序，本院多次召集各方进行调解，信某置业及其实际控制人中某国安自愿将庄某公司在信某置业的股权由 20% 增加至 35%，庄某公司提出要获得案涉项目 37% 的土地权

益。由于双方要求差距过大，调解未果。为使案涉项目早日得到销售，尽快实现各方在案涉项目中的权益，信某置业与中某国安向本院提交《确认函》，明确承诺将庄某公司在信某置业的股权比例由约定的20%增加至35%。此系信某置业与中某国安对自身民事权利的处分，不损害国家利益、社会公共利益和他人合法权益，本院予以准许。

2020年12月25日，最高人民法院再审判决：一、撤销本院（2015）民二终字第61号民事判决；二、维持北京市高级人民法院（2013）高民初字第04405号民事判决；三、本判决生效之日起北京庄某房地产开发有限公司在北京信某置业有限公司股权比例由约定的20%增加至35%。

本案是著名案例。北京市高级人民法院一审驳回庄某公司解除合同的请求。最高人民法院二审判决撤销一审判决、确认合同解除。最高人民法院再审审理过程中，"2020年12月24日，中某国安和信某置业向本院提交《确认函》，承诺和同意将庄某公司在信某置业股权比例由约定的20%增加至35%"。次日，最高人民法院作出再审判决，撤销二审、维持一审，但判令"本判决生效之日起北京庄某房地产开发有限公司在北京信某置业有限公司股权比例由约定的20%增加至35%"。

当然，从公开材料看，尚不清楚中某国安和信某置业出具前述承诺的背景、该承诺对再审改判的影响。从一般性而言，对于当事人在再审阶段或检察院监督阶段，达成调解，或者在二审生效后，通过庭外协商自行和解，要注意谨慎考虑援引案例的参考价值。

二、当事人的诉讼目的

当事人的诉讼目的，直接影响其对判决的接受情况。判决虽然存在瑕疵，但与当事人的诉讼目的无实质影响，并不会受到当事人的挑战。

当事人的诉讼目的，可以从几个方面来理解：一是直接和诉讼请求本身相关，即体现在判决主文上。比如要求二审判决维持原判。二是针对事实认定。比如要求判决确认一事实，以作为另行启动另案的证据。三是针对裁判理由，要求对某一行为或事实作出评判。比如针对原审的程序问题，虽然达不到由此发回重审的程度，但当事人认为受到不公正对待，要求对原审的问题予以指出。四是通过诉讼达到查封财产等目的。五是在于启动诉讼本身。以此表明其立场、态度。当事人对无关其诉讼目的的事项，在举证、辩论等方面往往不够充分。使相关问题的裁判理由、处理结果，参考价值变弱。

案例 72 明某伟某有限公司与厨某食品股份有限公司、福建省厨某食品集团有限公司、陈某松、黄某英、福建御某食品有限公司金融不良债权转让合同纠纷案，（2021）最高法民终 426 号

明某伟某公司的上诉请求：（一）撤销原审判决第一项，改判厨某股份公司向明某伟某公司偿还借款本金 54950000 元，并支付利息 2056142.56 元（暂计至 2015 年 5 月 8 日，之后的利息、罚息、复利依合同约定的计算标准计付至实际还款之日止）；（二）撤销原审判决第四项，改判厨某集团公司、陈某松、黄某英、福建御某公司对第一项债务承担连带偿还责任。承担担保责任后，厨某集团公司、陈某松、黄某英、福建御某公司有权追偿。

事实和理由：（一）原审判决认为本案债权属于政策性不良债权，对债务人的计息权应当受到限制，系适用法律错误。《最高人民法院关于审理涉及金融不良债权转让案件工作座谈会纪要》（以下简称《海南纪要》）第十二条明确规定，政策性不良债权是指 1999 年至 2000 年上述四家金融资产管理公司在国家统一安排下通过再贷款或者财政担保的商业票据形式支付收购成本从中国银行、中国农业银行、中国建设银行、中国工商银行以及国家开发银行收购的不良债权；商业性不良债权是指 2004 年至 2005 年上述四家金融资产管理公司在政府主管部门主导下从交通银行、中国银行、中国建设银行和中国工商银行收购的不良债权。本案金融不良债权最初转让发生在 2015 年 3 月，是从工行漳州分行转让至华某公司，华某公司于 2015 年 5 月转让给明某伟某公司。故本案不属于政策性不良债权。同时

根据《海南纪要》第九条的内容，限制计息权的债务主体为国有企业债务人，不包括非国有企业。本案厨某股份公司并非国有企业。（二）原审判决认为福建御某公司、厨某股份公司与厨某集团公司不存在公司混同情形，系认定事实错误。

最高人民法院认为：本案争议焦点为：一、案涉债权是否属于政策性不良债权而在核准日之后停止计息；二、福建御某公司是否存在人格混同应当承担连带责任。

最高人民法院认为：关于案涉债权受让是否属于政策性不良债权而在核准日之后停止计息。《海南纪要》第九条规定，受让人向国有企业债务人主张不良债权受让日之后发生的利息的，人民法院不予支持。同时，《海南纪要》第十二条关于该纪要的适用范围有明确的规定，纪要涉及的司法政策有其特定历史背景，系针对特定时间阶段发生的、针对特定主体的金融不良债权转让行为作出的特殊规定。结合本案事实，本案所涉债权发生时间为2014年，2015年3月工行漳州分行将债权转让至华某公司，华某公司于2015年5月又将债权转让至明某伟某公司，其具体形式与发生时间均不属于《海南纪要》中规定的政策性不良债权，无法适用《海南纪要》的规定，因此明某伟某公司受让债权后有权要求厨某股份公司按照原合同内容之规定给付借款利息及逾期付款利息。依据《债权转让协议》的内容，华某公司向明某伟某公司转让的债权为厨某股份公司所欠的不良贷款本金及相应利息，工行漳州分行与厨某股份公司签订的案涉借款合同中明确合同期内年利率为6.3%，合同有效期内利率不变，对于逾期罚息利率在借款利率基础上加收50%。同时，《中华人民共和国企业破产法》第四十六条规定，未到期的债权，在破产申请受理时视为到期。附利息的债权自破产申请受理时起停止计息。因福建省漳州市中级人民法院于2020年7月16日裁定受理明某伟某公司对厨某股份公司的破产清算申请，本案利息计算截止时间应为2020年7月16日。若厨某股份公司最终未破产，明某伟某公司对之后的利息可依法另行主张。

案例 73　明某伟某有限公司与厨某食品股份有限公司、福建省厨某食品集团有限公司、漳州市美某食品有限公司、陈某松、黄某英金融不良债权转让合同纠纷案，(2020) 最高法民终 631 号

明某伟某公司上诉请求：撤销一审判决第一项，改判厨某股份公司偿还明某伟某公司借款本金 118100000 元，并支付利息 14773452.47 元（暂计算至 2016 年 6 月 13 日，之后的利息、罚息、复利依合同约定的计算标准计付至实际还款之日止）。事实和理由：一、原审认为本案债权属于政策性不良债权，对债务人的计息权应当受到必要限制系适用法律错误。最高人民法院《关于审理涉及金融不良债权转让案件工作座谈会纪要》（以下简称《会议纪要》）第十二条关于《会议纪要》的适用范围有明确规定，本案债权最初转让时间与转让方式均与《会议纪要》第十二条规定的范围不符，本案所涉债权不属于政策性不良债权。根据《会议纪要》第九条规定，限制计息权的债务主体为国有企业债务人，并不包括非国有企业，本案债务人是非国有企业，债权人的计息权利不应受到限制。二、原审认定中国华融资产管理股份有限公司福建省分公司（以下简称华某福建分公司）仅将本金 118100000 元及利息 1771568.34 元转让给明某伟某公司，并未将原合同所有债权转让给明某伟某公司系事实认定错误。

最高人民法院认为：本案二审的争议焦点为明某伟某公司自华某福建分公司受让的债权范围应如何确定，其主张对受让后债权继续计收相应利息和罚息的主张应否予以支持的问题。

从案涉协议约定来看，据已查明的事实，2015 年 3 月 28 日，工行漳州分行与华某福建分公司签订《债权转让协议》，将工行漳州分行包括案涉债权在内的 12 笔不良债权转让给华某福建分公司，截至 2015 年 3 月 10 日（基准日），本案所涉债权的本金总额 118100000 元，利息 1771568.34 元，合计 119871568.34 元。2015 年 5 月 8 日华某福建分公司与明某伟某公司签订合同编号为华融闽（债权）(14150018) 2015 第 14 号-92《债权转让协议（单户适用）》，将包括案涉 4 笔债权在内的不良债权转让给明某伟某

公司，该协议第一条约定，"转让债权的范围：本协议项下甲方（华某福建分公司）转让给乙方（明某伟某公司）的债权为债务人厨某食品股份有限公司所欠甲方在本协议附件中列明的不良贷款本金及相应利息"。根据上述约定，案涉债权应以《债权转让协议》附件列明为准，《债权转让协议》附件列明的本金为118100000元，利息为1771568.34元，并未注明债权转让之后的利息罚息复利等款项。且从前后两份《债权转让协议》内容连续性来看，工行漳州分行向华某福建分公司转让债权的基准日截至2015年3月10日，此后华某福建分公司再行向明某伟某公司转让债权也并未在协议中显示增加相应的本息金额，明某伟某公司主张其受让的债权范围应以案涉借款合同项下所有本金和利息为准与协议约定内容不符，其该项上诉理由依据不足。

且从案涉金融不良债权的特殊性角度而言，金融不良资产的剥离和处置有其时代背景、历史沿革与政策考量，金融不良债权受让人受让的合同权利不能大于原权利人，也不能享有原权利人依其为金融机构特殊身份继而特别享有的权利，因而《会议纪要》对于金融不良债权转让案件中的利息收取相关问题作出了特别规定。《最高人民法院关于如何理解最高人民法院法发（2009）19号若干问题的请示之答复》（[2009]民二他字第21号）及最高人民法院《关于非金融机构受让金融不良债权后能否向非国有企业债务人主张全额债权的请示的答复》（[2013]执他字第4号）对非金融机构受让经生效法律文书确定的金融不良债权能否向非国有企业债务人主张受让日之后利息的问题亦已进一步作出答复，即涉及非国有企业债务人的金融不良债权转让纠纷案件，亦应参照适用《会议纪要》的规定。在《会议纪要》发布后，非金融资产管理公司的机构或者个人受让经生效法律文书确定的金融不良债权的，受让日之前的利息按照相关法律规定计算，受让日之后不再计付利息。本案中明某伟某公司在《会议纪要》发布之后受让案涉金融不良债权，原审法院根据上述文件精神，参照适用《会议纪要》，对明某伟某公司主张受让日之后继续计息的诉请未予支持与法相符，本院予以维持。明某伟某公司的上诉主张不能成立，本院不予支持。

上述两个案件属于关联案件，债权人和主债务人相同，发生不良后转让给同一受让人。两个案件都涉及涉案债权是否属于政策性不良债权，受让人计算利息是否受到限制这个法律适用问题。

631号案认为，应参照适用《会议纪要》，受让日之后不再计付利息。426号案则认为，"本案所涉债权发生时间为2014年，2015年3月工行漳州分行将债权转让至华某公司，华某公司于2015年5月又将债权转让至明某伟某公司，其具体形式与发生时间均不属于《海南纪要》中规定的政策性不良债权，无法适用《海南纪要》的规定，因此明某伟某公司受让债权后有权要求厨某股份公司按照原合同内容之规定给付借款利息及逾期付款利息。"两案对于问题的认识存在不一致。

但是，在参照援引时，应当注意当事人的诉讼目的。在631号案件中，不仅厨某集团公司提供了抵押，美某食品公司还提供了保证，因此，在偿还主体上多了美某食品公司。426号案件中，除了个人和厨某集团公司外，并无其他实体运营的公司提供担保。

因此，631号案件，二审焦点是利息问题，二审没有改判。而426号案件中，明某伟某公司主要目的之一是要求福建御某公司承担连带责任，理由是人格混同。即保本金是主要目的。426号案二审判决予以改判，支持了利息方面的请求，但是对于明某伟某公司要求福建御某公司承担连带责任的上诉主张，不予支持。可以看出，当事人诉讼目的对裁判的影响，这在类案比照参考时应当予以注意。

三、当事人对诉讼的整体考量

当事人基于对诉讼的整体考量，放弃继续主张其权利，或不再继续诉讼程序，也会影响相关案例的参考价值。

主要包括两个方面：

其一，当事人基于诉讼费用、时间，对结果的预判等因素，不再对二审判决提出再审或放弃进一步申请检察院监督。但是，这种情况难以通过检索发现。在初步分析类案存在瑕疵，通过关联案件检索等方法，没有发现再审或检查监督情形，则应考虑是否存在这种情况。

其二，尤其是针对当事人申明放弃的情形。根据2021年9月公布的《关于完善四级法院审级职能定位改革试点的实施办法》第十一条第一款规定，"当事人对高级人民法院作出的已经发生法律效力的民事、行政判决、裁定，认为有错误的，应当向原审高级人民法院申请再审"。第十二条第一款规定，"当事人根据本办法第十一条第一款第一项向最高人民法院申请再审的，除依法必须载明的事项外，应当在再审申请书中声明对原判决、裁定认定的基本事实、认定事实的主要证据、适用的诉讼程序没有异议，同时载明案件所涉法律适用问题的争议焦点、生效裁判适用法律存在错误的论证理由和依据"。

对于高院二审作出的裁判，如果当事人为了由最高人民法院再审审查，其应声明"对原判决、裁定认定的基本事实、认定事实的主要证据、适用的诉讼程序没有异议"。显然，在此情形下，有些程序问题、夹杂法律适用的事实认定问题，将会被当事人放弃。这样的二审判决，其对前述被放弃的问题的裁判理由，参考价值应当受到一定影响。

第八章　提供类案的基本方法

对于检索案例，应当提交案件材料，并形成相应的诉讼理由，即指出与代理案件的相似性，应当参照及如何参照。

案例 74　南阳汇某置业有限公司与河南某建股份有限公司建设工程施工合同纠纷案，（2018）最高法民申 4196 号

汇某公司申请再审称，"最高人民法院指导案例关于案涉工程情形有明确规定，即根据定额确定比例，再依据约定的固定单价截算工程款，原判决错误"。

最高人民法院认为，"汇某公司称鉴定方法不符合本院相关指导案例的规定，但未能提供该指导案例，亦未指明该案例具体名称。故其相关申请理由不成立"。

在这个案件中，当事人提出应参照指导案例。但是，法院要求其提交具体的案例，其未提交，也未指出案例具体名称。法院无法进行相应审查，故认定其相关理由不成立。

本章主要结合有关规范，探讨如何向法院提交类案，主要是类案表的制作问题。此外，本章还要讨论在什么情形下应当提供不利类案。

第一节　形成独立的诉讼理由

《类案检索意见》第十条规定，"公诉机关、案件当事人及其辩护人、诉讼代理人等提交指导性案例作为控（诉）辩理由的，人民法院应当在裁

判文书说理中回应是否参照并说明理由；提交其他类案作为控（诉）辩理由的，人民法院可以通过释明等方式予以回应"。但目前来看，指导案例极其有限，而对于提供其他层级的类案，"释明等方式予以回应"的规定比较模糊。

一、形式上独立

实务中，有的把检索案例作为新证据提交，有的在庭后递交法院，没有形成单独的诉讼理由，往往效果不好。可以考虑将类案的适用问题，在起诉状、上诉状、答辩状等文书中作为单独的诉讼理由，具备形式上的独立性，要求法庭必须针对性地予以回应。

1. 不是仅提交案例

形式上成为独立的一项理由，需要在起诉状、上诉状、答辩状等文书中列明。如果仅是口头提出本案有类似案例参考，将案例作为材料提交法庭，往往达不到独立理由的效果。

案例75 汉某市人民政府、汉某市旅游发展委员会与西安航空发动机集团天某有限公司等建设工程施工合同纠纷案，（2018）最高法民申5607号

本案中，申请再审称，"2. 二审法院在汉某市政府、汉某市旅发委提交了指导案例作为抗辩理由的情况下，未在裁判理由中回应是否参照了该指导性案例，也未说明任何理由。汉某市政府、汉某市旅发委在二审期间向人民法院提交了四川省邛崃市川某建筑工程有限责任公司、四川省邛崃市川某建筑工程有限责任公司西藏分公司与西藏世某投资有限责任公司建设工程施工合同纠纷一案的公报案例以及最高人民法院2014年12月18日发布的33号指导案例作为汉某市政府、汉某市旅发委的抗辩理由。根据《案例指导实施细则》第十一条之规定：'在办理案件过程中，案件承办人员应当查询相关指导性案例。在裁判文书中引述相关指导性案例的，应在裁判理由部分引述指导性案例的编号和裁判要点。公诉机关、案件当事人

及其辩护人、诉讼代理人引述指导性案例作为控（诉）辩理由的，案件承办人员应当在裁判理由中回应是否参照了该指导性案例并说明理由。'而在汉某市政府、汉某市旅发委提交了公报案例以及指导案例并将其作为辩解理由的情况下，二审法院却未在裁判理由中回应是否参照了该指导性案例，也未说明理由，有悖于上述实施细则的规定，法律适用严重错误，应当予以纠正。"

最高人民法院驳回再审申请，认为，"经查，二审法院虽然未在裁判理由中回应是否参照了该指导性案例并说明理由，但该实施细则并非法律亦非司法解释，未适用该实施细则，不属于适用法律错误"。

在本案中，再审申请人提出在二审中"提交了指导案例作为抗辩理由"，但查询二审判决书，未在上诉理由部分发现相关论述。

2. 不是仅援引作为依据

实践中，在上诉状等有关文书中，论述相关问题后，将援引案例与法条一起作为依据，未对案例展开适当分析。这种情况实际上不构成独立理由的效果。

案例 76　南安市泛某投资发展有限公司与林某龙等民间借贷纠纷案，（2017）最高法民申 3957 号

泛某投资公司等申请再审称，"二、二审判决认定林某龙、昊某公司、永某辉公司已解除合同是错误的。二审对泛某投资公司提出的'林某龙、昊某公司、永某辉公司无权解除合同的事实及法律依据'根本没有依法进行论述、分析、确认，导致林某龙、昊某公司、永某辉公司无权解除合同的事实及法律依据完全被掩盖了。林某龙、昊某公司、永某辉公司解除合同的条件不能成立，原借款合同重新生效的条件未成就，不具备将债权重新回转给林某龙的条件。在永某辉公司、昊某公司受让的林某龙的债权 74961343 元的本息计算存在违法和不符合事实的情况下，永某辉公司、昊某公司、林某龙违法多算的本息金额合计为 1679.78067 万元，因此林某龙、

昊某公司、永某辉公司还要补交给泛某投资公司的购房款约为1679.78067万元；昊某公司尚需要向泛某投资公司缴纳土地出让金1421385元；昊某公司还应当向泛某投资公司支付'开具正式售房发票'的税费约6662657.98元。泛某投资公司、林某龙、昊某公司、永某辉公司等各方订立的《商品房买卖合同》《关于商品房买卖合同的补充协议》是双务合同，依据《中华人民共和国合同法》第六条、第六十条等规定，各方均应当全面履行自己的义务。在永某辉公司、昊某公司、林某龙未向泛某投资公司足额支付购房款、土地出让金、税费等费用的情况下，泛某投资公司有权拒绝交付房屋、办理产权证，且不会构成违约。依据《中华人民共和国合同法》第六条、第六十条、第六十六条、第六十七条、第八十二条、第一百零七条等规定及参照最高人民法院发布的72号指导案例等，在永某辉公司、昊某公司、林某龙未向泛某投资公司足额支付购房款、土地出让金、税费等费用的情况下，永某辉公司、昊某公司、林某龙不享有解除合同的权利。且永某辉公司、昊某公司、林某龙应当依据《中华人民共和国合同法》第一百零七条的规定，继续履行支付购房款、土地出让金、税费的义务"。

本案中，当事人在文书中提出二审判决是错误的理由，然后进行分析，最后提出应依据有关法条及"参照最高人民法院发布的72号指导案例等"。这种情况属于仅将类案作为裁判依据予以笼统援引。最高人民法院裁定驳回其申请，并没有对应否参照72号指导案例予以直接回应。

二、实质上独立

要让类案成为实质上的诉讼理由，需要初步指出在哪些方面具有其相似性，本案应当如何参照。如仅是援引其裁判要点，不做相应分析，则相关理由不强，甚至不会得到法院的直接回应。

在文书中分析类案的相似性，对其参考价值进行论证，对于申请再审、申请检查监督等偏重书面审查的程序而言更加重要。因为在这些程序中，当事人可能没有进一步补充说明或者提供类案表的机会。

案例 77 杨某宝与贵州新某兴汽车销售服务有限责任公司、某众汽车(中国)销售有限公司买卖合同纠纷案，(2019)最高法民申 898 号

杨某宝申请再审称：最高人民法院于 2013 年 11 月 8 日公布了 17 号指导性案例"张某诉北京合某华通汽车服务有限公司买卖合同纠纷案"，明确了汽车销售者承诺出售新车，消费者购买后发现系维修过的汽车，构成欺诈的规则，故该案的处理应予参照。

最高人民法院审查认为：杨某宝主张的指导性案例，其自认案情与本案不同，不具有可参考性。

当事人不服最高人民法院二审判决，向最高人民法院申请再审，提出应参照 17 号指导案例。但"自认案情与本案不同"，再审审查认为不具有可参考性。

案例 78 杨某生与某建七局第某建筑有限公司建设工程施工合同纠纷案，(2017)最高法民申 4482 号

杨某生申请再审称：三、对于某建七局四公司谋取非法利益的行为，一、二审判决内容与社会善良风俗相悖。应根据最高人民法院发布的第 68 号指导案例，对某建七局四公司的违法行为依法查处，对发现的违法犯罪线索移交有关部门处理。

最高人民法院认为：另外，杨某生主张对某建七局四公司的行为按最高人民法院 68 号指导案例予以查处和移送有关部门。该理由不符合《中华人民共和国民事诉讼法》第二百条的规定，本不属于再审审查范围，但为慎重起见，本院查阅了该案例，该案例为涉及虚假民事诉讼的案例，与本案不同，杨某生亦未说明该案例与本案的关联性，故对杨某生该项主张不予支持。

在这个案件中，当事人援引 68 号指导案例，认为原审处理方式不当，但是"未说明该案例与本案的关联性"，最高人民法院没有支持。可能是援引的指导案例，最高人民法院"为慎重起见"，查阅了该案例。

第二节　类案表制作的基本方法

本节所述"类案表",也就是类案检索报告。在文书中阐述类案适用外,一般应附带提供类案表。提供类案,其前提是检索案例与待决案件具有关联性,该检索案例具有参考价值。通过罗列类案表的基本要素,可以比较直观地体现其关联性、展示其参考价值。

案例 79　武某公司案,(2017)最高法民申 924 号

再审申请人提出:"一、原判决认为'目前合同仍然处于履行状态'与实际情况严重不符。……(二)租赁合同已在事实上无法继续履行,若双方再继续履行该租赁合同,双方为了履行合同将付出很大代价,武某公司将不得不重新招聘新的员工,重新装修租赁房产,重新引进商户,打通采购渠道,这不仅耗费时间,而且履行费用极高,将大大超出双方履行租赁合同可能获得的利益。根据 2013 年 12 月 19 日《北京市高级人民法院关于审理房屋租赁合同纠纷案件若干疑难问题的解答》及最高人民法院公报的新某公司诉冯某梅商铺买卖合同纠纷二审案、海南天某鹅业有限公司与琼某黎族苗族自治县农业科学研究所、琼某黎族苗族自治县农业技术推广服务中心租赁合同纠纷申请再审案案例,武某公司与馨某泰公司之间的《房屋租赁协议》及所有补充协议早已解除。"

最高人民法院认为:原判决对该事实的认定并无错误,因合同尚未解除,故其第二项、第四项诉请无法获得支持是当然结果,武某公司该申请理由不成立。至于武某公司所列参考案例及地方法院的意见,是对合同应否解除的实质裁判意见,而本案并未对合同应否解除进行实质审理,故武某公司所列意见对本案的审理结果并无影响。

在本案中,法院认为再审申请人提供的案例与本案没有关联性。二审法院认为再审申请人原审有关诉讼请求的"前提是合同已经解除,但目前合同仍然处于履行状态"。最高人民法院认为,"本案并未对合同应否解除进行实质审理",而提供的案例是关于"合同应否解除的实质裁判意见",法院不予考虑。

以上这种情况,如采用类案表或者类案说明的方式,是可以避免的。

一、类案表的基本要素

在案情比较简单,争议焦点明确,各方对待判决的关键问题认识一致的情况下,直接把有关判决文书作为其他材料提交法庭,简要地阐述关联性,也符合实际。

但多数情况下,还是应当采取类案表或类案检索报告的方式。目前很多法院内部规范要求类案检索时,也采用表格方式。通过表格的要素罗列,可以对引用类案的参考价值有比较直观、全面的判断。

采取类案表的形式,或者以类案表的要素自行分析,可以在是否具有类似性上,有比较明确的判断。

《类案检索意见》第八条规定,"类案检索说明或者报告应当客观、全面、准确,包括检索主体、时间、平台、方法、结果,类案裁判要点以及待决案件争议焦点等内容,并对是否参照或者参考类案等结果运用情况予以分析说明"。重庆市律师协会也在2021年12月公布《类案检索报告制作指引》对类案检索报告的内容和格式提出参考。

但是,在实践中,各个法院对类案表或类案检索报告的在详略、格式上不尽相同。如人民法院出版社出版的最高人民法院法官会议纪要丛书中,每次纪要后均附有"类案检索报告"。其主要内容包括:检索工具、关键词、类案文书。其中类案文书采取表格模式,包括案件名称、案由、案号三要素。

1. 支持型类案表

作为支持己方的类案表或类案检索报告,一般可以列明以下要素:

(1) 查询过程信息。包括检索主体、时间、平台、查询方法等。

（2）检索案例基本信息。包括审理法院、审级、裁判日期、合议庭情况。

（3）相似性信息。包括：与本案类似的诉讼请求、与本案类似的诉辩意见；诉辩意见的主要支持证据、事实；主要裁判理由及判决结果。

（4）参考价值信息。包括：层级情况（包括是否为指导案例、公报案例，是否经过审委会等）；以及其他佐证类案参考价值的情况（如是否具有法院平台推送、有关案例汇编采纳、典型案例评选等情形）。

此外，对于指导案例、公报案例，公布时即提炼了裁判要点，应予以列明。

至于表格形式可以根据实际情况设计。当然，在具备前述要件的情形下，根据案件情况，也可以不使用表格方式。

2. 辩驳型类案表

如其他当事人已经提供不利类案，或根据案件情况，不利类案不可避免地将成为裁判考虑因素，就需要专门针对不利类案提供类案表。我们可以称之为辩驳型类案表。也可类案表结合类案分析报告的形式。

在内容上，辩驳型类案表需要将不利类案与待决案件进行对照、与有利类案进行比较。主要包括以下方面：

（1）查询过程信息。包括检索主体、时间、平台、方法等。

（2）检索案例基本信息。包括审理法院、审级、裁判日期、合议庭情况。

（3）与待决案件比对信息。按照前述类案识别的方面，列明差异性。包括事实、法律和案件处理的总体情况方面。对于有些方面的比对，可以结合分析报告的方式详细论述。

（4）与有利类案的参考价值比较信息。按照前述类案的参考价值顺序，列明其参考价值方面的劣势因素。

二、类案表制作的注意事项

1. 审理法院的专门规范

制作类案表时，应检索审理法院对提供类案有无专门的规范。不少法院对法官制作类案检索报告有样式要求。有的法院对律师提供类案进行了指引（如南京中院），并附有表格。

《类案检索意见》第二条规定，"人民法院办理案件具有下列情形之一，应当进行类案检索：（一）拟提交专业（主审）法官会议或者审判委员会讨论的；（二）缺乏明确裁判规则或者尚未形成统一裁判规则的；（三）院长、庭长根据审判监督管理权限要求进行类案检索的；（四）其他需要进行类案检索的"。最高人民法院印发的《四类案件监督意见》第十条规定，院庭长应当根据《中华人民共和国法官法》第九条的规定，针对"四类案件"审理中需要关注和解决的问题，要求合议庭提供类案裁判文书或者制作类案检索报告。

《最高人民法院统一法律适用工作实施办法》第六条规定，"办理案件具有下列情形之一的，承办法官应当进行类案检索：（一）拟提交审委会、专业法官会议讨论的；（二）缺乏明确裁判规则或者尚未形成统一裁判规则的；（三）重大、疑难、复杂、敏感的；（四）涉及群体性纠纷或者引发社会广泛关注，可能影响社会稳定的；（五）与最高人民法院的类案裁判可能发生冲突的；（六）有关单位或者个人反映法官有违法审判行为的；（七）最高人民检察院抗诉的；（八）审理过程中公诉机关、当事人及其辩护人、诉讼代理人提交指导性案例或者最高人民法院生效类案裁判支持其主张的；（九）院庭长根据审判监督管理权限要求进行类案检索的。类案检索可以只检索最高人民法院发布的指导性案例和最高人民法院的生效裁判。"明确了最高人民法院案件需要强制类案检索的情形和范围。

各地法院也有出台相关规范。如湖南省高级人民法院《关于类案检索的实施意见（试行）》第十四条规定：拟提交专业法官会议或者审判委员会讨论的案件，一般采用分析式检索报告。分析式检索报告应标明类案案号、类案来源，摘取类案在基本事实认定、争议焦点归纳、法律适用等一方面或几方面的裁判要旨，并对与待决案件识别比对情况进行简要分析说明。院庭长监督案件、缺乏明确裁判规则或者尚未形成统一裁判规则的案件，一般采用表格式检索报告。表格式检索报告一般标明类案案号、类案来源，摘取的类案裁判要旨。其他需要检索的案件，可以采用备注式检索报告。备注式检索报告一般标明类案案号、类案来源等基本信息。

如法院对律师提供类案、法官制作类案检索报告有相应规范，提交的类案表应涵盖其要素、一般符合其格式要求，方便法院的审理工作。

此外，当地律师协会推荐的类案检索报告样式、同一家律所的报告样式，也应当参照，保持总体的稳定性和规范性。

2. 案例的真实性和完整性

《类案检索意见》第八条规定，"类案检索说明或者报告应当客观、全面、准确"。类案检索报告罗列要素的范围、全面性，可能影响判断。在制作类案检索报告或类案表时，应特别注意所选类案的真实性和完整性。

（1）一般应附类案的全文。这里需要注意的是，除了公开出版的书籍、法院等机关的官方网站、微信公众号等权威渠道外，对于其他平台查询的案例，应当通过中国裁判文书网核实案例的真实性和完整性。对于来源于书籍的案例，可以复印该书的封面、出版信息页、目录，以及该案例所在页；对于来源网站的案例，可以截屏相关页面；中国裁判文书网的案例，可以通过截屏或者网页直接打印等方式，保留网站信息。

案例 80　蔡某双、庄某桑与中某证券有限公司保证合同纠纷案，（2021）最高法民申 2980 号

蔡某双、庄某桑申请再审称，对于《呼和浩特市川某矿业有限责任公司股权转让协议书》（以下简称案涉协议书）中担保条款效力的认定，应依照该协议签订时的司法观点和裁判尺度，二审法院适用《全国法院民商

事审判工作会议纪要》相关条款认定担保条款无效,属法律适用错误。(1)案涉协议书签订时,审判实践中均认为《公司法》第十六条属于管理性规定,法定代表人未经决议程序对外以公司名义提供担保不影响担保合同的效力,(2009)高民终字第1730号、(2011)闽民终字第77号、(2012)苏商终字第30号、(2012)甘民二终字第28号、(2014)民一终字第270号案件均能体现上述观点。依据上述案件的裁判观点,在中某公司未能举证证明蔡某双、庄某桑系恶意的情形下,应认定蔡某双、庄某桑系善意第三人,对案涉协议书中担保条款是否经过中某公司股东会、董事会的授权不负有审查义务,担保条款不应因此而认定为无效。(2)根据案涉协议书签订时的法律和司法解释规定以及最高人民法院判例,蔡某双、庄某桑完全有理由相信,中某公司的盖章及时任中某公司法定代表人李某太的签名可确保中某公司所作担保有效。

最高人民法院认为:一审法院认为案涉协议书担保条款有效。二审法院认为,根据《中某证券有限责任公司章程》相关规定,案涉协议书担保的事项应由中某公司股东会作出决定,但蔡某双、庄某桑未对担保条款是否经过中某公司股东会、董事会的授权进行审查,故不能认定为善意第三人,案涉协议书担保条款无效。蔡某双、庄某桑主张,二审法院适用《全国法院民商事审判工作会议纪要》相关条款认定担保条款无效属法律适用错误,本案应适用该协议签订时的司法观点和裁判尺度;(2009)高民终字第1730号、(2011)闽民终字第77号、(2012)苏商终字第30号、(2012)甘民二终字第28号、(2014)民一终字第270号案件均可证明,当时的司法观点和裁判尺度是"公司法定代表人未经决议程序对外以公司名义提供担保,不影响担保合同的效力",应援引《中华人民共和国立法法》第九十三条"法律不应溯及既往"规定沿用该观点和尺度。本院注意到,首先,《公司法》第十六条第一款规定,公司向其他企业投资或者为他人提供担保,依照公司章程的规定,由董事会或者股东会、股东大会决议;公司章程对投资或者担保的总额及单项投资或者担保的数额有限额规定的，不得超过规定的限额。该条款自《公司法》2005年修正以来未发生变化，蔡某双、庄某桑与案外人衡某公司及中某公司签订案涉协议书在2012年8月8日，理应受《公司法》第十六条第一款约束，本案实质上不涉及法律是否溯及既往的问题。其次，蔡某双、庄某桑主张有五个案例可以证明案涉协议书签订时的司法观点和裁判尺度，但未提供相应裁判文书。且上述案例均非指导性案例，无论其裁判理由及结果如何，对本案均无拘束力。仅从形式上而言，本院（2014）民一终字第270号案裁判文书在2012年之后，也不可能成为蔡某双、庄某桑签订案涉协议书的参考依据。再次，《全国法院民商事审判工作会议纪要》系本院于2019年11月8日印发的旨在统一裁判思路、规范自由裁量权的规范性文件，而非新的司法解释。二审判决于2020年9月28日作出，并未援引《全国法院民商事审判工作会议纪要》相关条款，其在裁判理由部分根据《全国法院民商事审判工作会议纪要》的相关规定具体分析法律适用问题，并无不当。最后，根据一、二审查明的事实，蔡某双、庄某桑在签订案涉协议书时，没有就担保条款内容对中某公司股东会或者董事会决议进行必要的审查，二审法院认定其不构成善意第三人、担保条款无效，亦无不当。

在这个案件中，当事人主张有五个案例可以证明案涉协议书签订时的司法观点和裁判尺度，列明了案号。但是"未提供相应裁判文书"，加之又不是指导案例，故法院并未进一步进行查询比对。

（2）通过其他方式体现真实性和完整性。按照前述方式通过罗列类案的各方面信息，可以呈现类案的基本情况。但是，基于检索报告提供者的立场，裁判者难以完全信赖，同时又无充分的时间阅读全文案例，因此，除了提供全文案例备查外，还需要其他方式来体现类案表信息的真实性。

对于案情的摘要或概述，尽量用引号，表明摘引自原文，同时在所附案例全文标注其出处。重庆市律师协会《类案检索报告制作指引》提出"类案检索报告应当归纳各篇检索案例的基本案情，可删除与待决案件法律适用问题无关的事实，陈述各篇检索案例的裁判要旨时，尽量进行原文引用，关联性较弱的部分可以使用省略号代替"，可资借鉴。

第三节 考虑是否提供不利类案

提供的类案都是支持己方的，可以制作支持型类案表。但是，要对不利类案是否在本案中有参考使用价值进行辨析，就需要单独提供辩驳型的类案表或类案分析。

案例 81 沈阳大某房地产开发有限公司与辽宁新某天房地产开发有限公司一般取回权纠纷案，（2021）最高法民申 3806 号

大某公司申请再审称，一审法院否定《最高人民法院关于审理企业破产案件若干问题的规定》（以下简称《破产案件规定》）的效力错误。一审判决引用（2016）最高法民申 3384 号裁定，否定《破产案件规定》第七十一条第五项规定的效力，但该裁定并非最高人民法院指导案例，也不属于公示案例，不具有普遍性。大某公司提供的（2017）最高法民申 1429 号民事裁定是 2017 年作出，晚于新某天公司提供的裁定，且该裁定也论述了《破产案件规定》第七十一条第五项具有法律效力，并肯定了该项规定与《最高人民法院关于适用〈中华人民共和国企业破产法〉若干问题的规定（二）》（以下简称《破产法司法解释（二）》）第二条规定并不冲突。大某公司已经足额支付了案涉房屋的款项，未转移占有是因新某天公司破产，新某天公司的经营者丧失对公司的实际控制导致。因此，应当适用《破产案件规定》认定争议的九栋房屋是否属于破产财产。

在这个案件中，大某公司指出，在原审中双方均提供了类案以支持己方观点，"大某公司提供的（2017）最高法民申 1429 号民事裁定是 2017 年作出，晚于新某天公司提供的裁定"，但是其仅从时间性一个角度进行分析。最高人民法院并没有对两案例的情况直接回应。

以下情形可以考虑提供单独的辩驳型的类案表或检索报告：

其一，对方已经举出类案支持其观点。实践中，一方当事人提供参考案例后，有的法院会将其作为新证据予以质证。比如在"中某北方涂料工业研究设计院有限公司、张某康与中国建设银行股份有限公司甘肃省分行营业部清算责任纠纷案"（[2019]最高法民申3686号）中，再审申请人提出"本案二审法院将建行省分行营业部在二审中提供的参考案例作为新的证据进行质证并列入判决认定错误"，但最高人民法院认为二审法院做法并无不妥。当然，也有观点认为不应将案例材料视为证据，对于案例是否应予以参照，结合案件事实及其他证据予以评判。

其二，承办法官或合议庭、上级法院的案例，与本案有一定相似性且初步判断为不利的。

其三，指导案例、最高人民法院公报案例及其他生效判决（尤其是相应巡回法庭作出的判例）、本辖区高级法院判例，与本案具有一定类似性，且初步判断为不利的。此种情况下，一般应该有针对性地提供辩驳型的类案表。因为对这些案例，很难假设对方或法庭会注意不到。另外，如不正面主动回应，可能会失去机会。

根据2021年9月最高人民法院发布的《关于完善四级法院审级职能定位改革试点的实施办法》第一条规定，"逐步实现基层人民法院重在准确查明事实、实质化解纠纷；中级人民法院重在二审有效终审、精准定分止争；高级人民法院重在再审依法纠错、统一裁判尺度；最高人民法院监督指导全国审判工作、确保法律正确统一适用"。该办法第五条规定，"中级人民法院对所管辖的第一审民事、刑事、行政案件，认为属于下列情形之一，需要由高级人民法院审理的，可以报请上一级人民法院审理：（一）具有普遍法律适用指导意义的；（二）上一级人民法院或者其辖区内各中级人民法院之间近三年裁判生效的同类案件存在重大法律适用分歧，截至案件审理时仍未解决的；（三）由高级人民法院一审更有利于公正审理的。高级人民法院对辖区中级人民法院已经受理的第一审民事、刑事、行政案件，认为属于上述情形之一，有必要由本院审理的，应当决定提级管辖"。

第十一条第一款规定,"当事人对高级人民法院作出的已经发生法律效力的民事、行政判决、裁定,认为有错误的,应当向原审高级人民法院申请再审"。第十四条规定,"原判决、裁定适用法律确有错误,且符合下列情形之一的,最高人民法院应当裁定提审:(一)具有普遍法律适用指导意义的;(二)最高人民法院或者不同高级人民法院之间近三年裁判生效的同类案件存在重大法律适用分歧,截至案件审理时仍未解决的;(三)最高人民法院认为应当提审的其他情形。最高人民法院对地方各级人民法院、专门人民法院已经发生法律效力的判决、裁定,发现确有错误,且符合前款所列情形之一的,可以裁定提审"。

根据前述改革方案,绝大部分案件一审将在基层法院,应当高院终审的案件将以高院进行再审审查为主。根据目前法律问题和事实问题交织的语境和实践,作为代理人不敢轻易建议"在再审申请书中声明对原判决、裁定认定的基本事实、认定事实的主要证据、适用的诉讼程序没有异议",单纯以法律适用错误为由争取在最高人民法院再审审查。但"近三年裁判生效的同类案件存在重大法律适用分歧,截至案件审理时仍未解决的"将是改变审级的主要条件之一。

同时,类案情况也对审理法院的内部监督机制造成影响。最高人民法院印发《四类案件监督意见》规定,"与本院或者上级人民法院的类案裁判可能发生冲突的"属于四类案件。根据其第五条规定,这类案件包括:与本院或者上级人民法院近三年类案生效裁判可能发生冲突的;与本院正在审理的类案裁判结果可能发生冲突,有必要统一法律适用的;本院近三年类案生效裁判存在重大法律适用分歧,截至案件审理时仍未解决的。对于这类案件,院庭长将依法采取监督管理措施,包括调整承办法官、要求合议庭提供类案裁判文书或者制作类案检索报告等。据此,对不利类案的分析利用将有更广泛的实践意义。

图书在版编目（CIP）数据

民商事类案参考与识别／周吉川著．—北京：中国法制出版社，2023.3
ISBN 978-7-5216-3363-4

Ⅰ．①民… Ⅱ．①周… Ⅲ．①民法-案例-中国②商法-案例-中国 Ⅳ．①D923.05

中国国家版本馆 CIP 数据核字（2023）第 042672 号

策划编辑/责任编辑：黄会丽　　　　　　　　　　　封面设计：杨泽江

民商事类案参考与识别
MINSHANGSHI LEIAN CANKAO YU SHIBIE

著者/周吉川
经销/新华书店
印刷/三河市国英印务有限公司
开本/710 毫米×1000 毫米　16 开　　　　印张/ 13.25　字数/ 183 千字
版次/2023 年 3 月第 1 版　　　　　　　　　2023 年 3 月第 1 次印刷

中国法制出版社出版
书号 ISBN 978-7-5216-3363-4　　　　　　　　　　　定价：56.00 元

北京市西城区西便门西里甲 16 号西便门办公区
邮政编码：100053　　　　　　　　　　　　传真：010-63141600
网址 http://www.zgfzs.com　　　　　　　　编辑部电话：010-63141785
市场营销部电话：010-63141612　　　　　　印务部电话：010-63141606

（如有印装质量问题，请与本社印务部联系。）